朱小斌 王建军 沈铭慈 著

网红设计师
IP 运营法则

如何在互联网时代建立设计师品牌

广西师范大学出版社
·桂林·

图书在版编目（CIP）数据

网红设计师 IP 运营法则：如何在互联网时代建立设计师品牌／朱小斌，王建军，沈铭慈著．—桂林：广西师范大学出版社，2019.5

ISBN 978-7-5598-1633-7

Ⅰ．①网… Ⅱ．①朱… ②王… ③沈… Ⅲ．①建筑设计－建筑企业－网络营销－研究 Ⅳ．① F407.96

中国版本图书馆 CIP 数据核字 (2019) 第 034803 号

出 品 人：刘广汉
责任编辑：肖　莉
助理编辑：马竹音
版式设计：六　元

广西师范大学出版社出版发行

（广西桂林市五里店路 9 号　　邮政编码：541004）
网址：http://www.bbtpress.com

出版人：张艺兵
全国新华书店经销
销售热线：021-65200318　021-31260822-898
广州市番禺艺彩印刷联合有限公司印刷
（广州市番禺区石基镇小龙村　邮政编码：511400）
开本：890 mm × 1 270 mm　1/32
印张：6.75　　　　　　　　字数：180 千字
2019 年 5 月第 1 版　　　　2019 年 5 月第 1 次印刷
定价：88.00 元

如发现印装质量问题，影响阅读，请与出版社发行部门联系调换。

谈到设计公司品牌或设计师品牌，很多时候大家能想到的是以下几项内容：公司做了什么产品？公司的公众号里发布了什么信息？信息在哪儿传播过？设计师出席了什么活动、获得了什么奖项……其实这些并不是真正意义上的品牌和品牌形象。

品牌是一个体系，它包括企业形象、商务形象、个人形象、团队形象、服务标准、供应链等。一直以来，我们都主张设计公司或设计师应该以品牌价值作为驱动，以设计专业为基础，以团队服务、优质供应链为联动，打造设计企业或设计师的品牌。经过几十年的发展，设计公司和设计师的成长已经很快了，但在目前市场上，严格意义上的设计品牌还很少。随着设计行业越来越大、品牌的辨识度越来越不清晰，设计品牌已经步入了一个混沌的状态。

序

大家仔细反思我们熟知的设计名企或明星设计师，我们很难对他们有具体的感知——这个公司是什么样的？这个企业做了什么？它的团队是什么样的情况？它的供应链和商务情况是怎么样的？公司里的明星设计师是怎样的状态？如果连行业内的人对此都不够清晰的话，社会大众对这个企业的了解和认知只会更少。再加上如今网络发达、抄袭严重、虚假信息泛滥，让人无法判断企业的真实状况，也无法了解设计师的真实水平。

品牌 IP 化的出现，可能会改变这一格局。

品牌 IP 化就是把抽象的品牌具体化，让抽象的品牌能以感官的方式直接接触，并为品牌赋予某种能让人印象深刻的特性，让消费者更容易对品牌留下印象，并与之发生互动。品牌 IP 化的特性来自于内容，优质的内容加上快速、精准的传播，构成了品牌 IP 的体系。

如何理解设计公司的品牌 IP？我认为要梳理一下设计公司的品牌体系。设计公司的品牌体系可以包括商务部分（品牌部、商务部）、设计团队（专业的设计团队、人才培养）、供应链（优选的产品、优质的材料等）和服务团队（客户服务、项目管理、施工管理、后勤保障、定期维护等）。

设计公司的品牌体系里包括什么样的 IP 呢？我认为应该有以下几个：第一是企业超级 IP，即企业总体形象，以及企业里专家级人物的 IP。超级 IP 是设计企业可持续、可发展的 IP，它象征着企业的良好形象以及可发展、可持续的创新精神。专家级的 IP 是让大众或行业内人士对企业超级 IP 有更好的认知，以个人 IP 带动企业 IP，因为个人 IP 更容易被接受。第二个是团队成员的众多细分 IP，即每个组员特质化的标签。设计公司团队会发生很多变化，有人员的流动、团队的细分、不同时期的不同需求，因此，团队的细分 IP 不仅能帮助企业树立一个强大的外在形象，也可以让团队拥有更多发展空间，减少因人员流动或团队变化带来的混乱服务。第三个是供应链服务的 IP。一个稳固优质的供应链 IP，带给客户的是信任和进步。第四个是服务团队的 IP。明确的品牌定位、优质的产品、完整的行销体系和流量体系会使企业更体系化，并且不会因为市场或岗位人员的缺失而发生重大变故。

以上这些设计公司的 IP 可以帮助企业更快速地应对市场，就如设计企业"三三制原则"（即一个事物可以分成三个内容、三个板块、三个过程、三个属性等，其中一个是主系统，其他两个是子系统。子系统可以根据事物外在环境的变化进行调整和变化，但子系统的变化不会改变主系统的核心内容，它是主系统的延伸、分解和裂变。）中所讲，企业总的形象是不变的，变化的是为应对市场变化所改变的企业子系统。

最后感谢 dop 设计公司为广大设计企业做出的分享，更要感谢王建军老师无私地帮助设计企业和设计师，毕竟这个时代缺乏的就是这类真心的、富有情怀的专业人士！

周 亮

资深媒体人、"三三制品牌"倡导者

未来的设计公司靠什么竞争？很多人在自问，也在
问别人……

答案很简单，即工业时代是品牌，智能商业时代是
IP。从经营形态来看，当下很多设计师的个人 IP
几乎等同于其公司的品牌。

拿着画图纸的钱，干的却是帮客户成就梦想的事；
越发展越衰态毕现……这是很多本土室内设计师的
现状。付出与价值回报完全不成比例，"设计"的作
用力没有被完全释放，设计的社会价值没有被尊重，
其根源在于普遍缺乏系统化的品牌思维和以品牌化
思维为导向的企业经营方略。

2003 年，我们开始帮助设计师做推广，见证了相
当多的设计师（公司）成为活跃于当今中国设计界

作者自序

的中坚力量。随后，我们立足上海，与更多具有国际化视野的设计师和中国设计业的优秀经营者们深入交流。我们始终以一个"局外人"的视角来思考，并不断审视设计产业与设计个体的发展态势。

2014 年，我们启动设计产业公司的经营策略顾问服务，辅助设计公司的规范化、系统化发展。在担任 dop 品牌经营策略顾问的协作过程中，与朱小斌老师教学相长，推动和见证了 dop 品牌的升级再定义之路。dop 也成了中国室内设计产业中深化设计领域的领跑品牌和超级 IP。以此为基础，又衍生出"设计得到——设计师的在线大学"这一设计行业的知识分享新 IP 和新的事业体平台。

"设计"与"品牌"，一个是"点"，一个是"面"。设计是公司发展的支点，而品牌要包容公司所有的人与事，是对外传达的调性。说起来很简单，客户找你做设计，首先认可的是你这个人和公司，而后才有机会让你谈设计，最后才可能把整个项目交给你主导。这就是一个设计品牌的价值所在，也是设计从业者个人 IP 的价值呈现过程。

正所谓格局大小决定成就大小，当有了成名的资本、作品等，就应该顺势上升到品牌化与 IP 化经营的层面经营自己、经营公司、搭建平台，思考怎样容人与怎样留人。传播的面广，发展的机会就多，可供选择的客户源也就更多。思路有变化，一切就都变了。

在名气直接影响行业实力、关注度和收入的"眼球经济"时代，对设计师（公司）进行品牌化 IP 经营，绝对是个新鲜课题。在互联网信息时代下的人需要明白，能力高低很重要，但会不会利用各种媒介工具经营和推广自己、塑造 IP 也许更重要。

设计 IP 的塑造，并不是片面强调"高大上"的吹与捧，核心价值仍然在设计，用作品（产品）发声，以专业化的协作体系为支撑，一致性的人格魅力为基础。

观设计圈 17 年，眼见很多朋友早年成名，却坚守设计的独木桥，一路辛酸，现在则逐渐淡出圈子，客户面也越来越窄，更有人又回到了一个人单飞的原始积累阶段。设计师创作的黄金时间有限，更多的持续发展还需要依靠团队和平台支撑，没有梧桐树，何来金凤凰？！

很多设计师出身的老板有时会片面追求技术层面的完美，忽视品牌与 IP 的打造，再加上"无为而治"的经营方式，很容易被客户淘汰、遗忘，因为员工和客户是要求发展的，他们不会在原地踏步，跟他们"门当户对"、实力匹配才是最重要的。

随着经济发展的周期性调整、房地产投资的转向，设计行业的重新洗牌正在上演，专业化的分化趋势加剧，小趋势涌现。而这个时候，就看谁能最先布局，品牌化的系统思考工具必将成为市场破局的得力助手。

个人（团队）品牌 IP 化是未来设计公司发展的必然趋势，是设计师自我认知的觉醒、商业价值的完美呈现，而如何让设计的价值与回报成正比，带给客户超预期体验，我们相信每一位设计师都会从这本书中找到答案。

王建军

目录

第一章 室内设计行业概述

第一节 室内设计行业 30 年

一、为什么是 30 年

2018 年是我国改革开放 40 周年。这 40 年里，中国取得的进步是有目共睹的。但是，本书为什么把室内设计这个行业的发展史缩短成 30 年？因为室内设计这个行业的本质是解决人们物质和精神上的需求，在基本物质需求没有得到满足的前提下，这个行业不可能有很快速的发展。在1978 年到 1988 年这个阶段，也就是中国改革开放的前十年，整个制造业迅速发展，室内设计行业也从中国最先开放的城市——广东省深圳市开始发展起来。也正是由于这个原因，国内目前具有甲级资质的设计施工一体化企业多数位于深圳，人民大会堂等很多代表性的工程也是由深圳的公司完成的。但是在这十年里，整个室内设计还谈不上是一个行业，也谈不上专业化发展。

中国历年工业企业单位数和工业总产值统计（1949—1999 年）

年份	工业企业单位数（万个）			工业总产值（亿元）			工业总产值构成（总计=100）	
	合计	国有企业	集体工业	合计	国有工业	集体工业	国有工业	集体工业
1949				140.0	36.8	0.7	26.3	0.5
1950				191.0	62.4	1.5	32.7	0.8
1951				264.0	91.0	3.4	34.5	1.3
1952				349.0	145.0	11.4	41.5	3.3
1953				450.0	193.7	17.4	43.0	3.9
1954				515.0	242.7	27.5	47.1	5.3
1955				534.0	273.9	40.5	51.3	7.6
1956				642.0	350.2	109.6	54.5	17.1
1957	16.95	4.96	11.99	704.0	378.5	134.0	53.8	19.0
1958	26.30	11.90	14.40	1083.0	965.7	117.3	89.2	10.8
1959	31.84	9.88	21.96	1483.0	1313.2	169.8	88.6	11.4
1960	25.40	9.60	15.80	1637.0	1483.1	153.9	90.6	9.4
1961	21.71	7.06	14.65	1062.0	940.0	122.0	88.5	11.5
1962	19.74	5.30	14.44	920.0	807.8	112.2	87.8	12.2
1963	17.02	4.73	12.29	993.0	887.1	106.0	89.3	10.7
1964	16.11	4.51	11.50	1164.0	1042.3	121.8	89.5	10.5
1965	15.77	4.59	11.18	1402.0	1262.8	139.2	90.1	9.9
1966				1624.0	1464.5	159.5	90.2	9.8
1967				1382.0	1222.5	159.5	88.5	11.5
1968				1285.0	1136.2	148.8	88.4	11.6
1969				1665.0	1477.0	188.0	88.7	11.3
1970	19.51	5.74	13.77	2117.0	1854.7	262.3	87.6	12.4
1971	21.04	6.42	14.62	2414.0	2073.9	340.1	85.9	14.1

年份								
1972	21.96	6.80	15.16	2565.0	2177.2	387.8	84.9	15.1
1973	23.08	6.94	16.14	2794.0	2347.5	446.5	84.0	16.0
1974	24.11	7.16	16.95	2792.0	2300.9	491.1	82.4	17.6
1975	26.29	7.50	18.79	3207.0	2600.6	606.4	81.1	18.9
1976	29.36	7.83	21.53	3278.0	2567.7	710.3	78.3	21.7
1977	32.27	8.21	24.06	3725.0	2869.4	855.6	77.0	23.0
1978	34.84	8.37	26.47	4237.0	3289.2	947.8	77.6	22.4
1979	35.50	8.38	27.12	4681.3	3673.6	1007.7	78.5	21.5
1980	44.63	8.34	29.35	5154.3	3915.6	1213.4	76.0	23.5
1981	49.45	8.42	29.68	5399.8	4037.1	1329.4	74.8	24.6
1982	56.66	8.60	30.19	5811.2	4326	1442.4	74.4	24.8
1983	71.25	8.71	30.46	6460.4	4739.4	1663.1	73.4	25.7
1984	86.92	8.41	35.21	7617.3	5262.7	2263.1	69.1	29.7
1985	518.53	9.37	174.21	9716.5	6302.1	3117.2	64.9	32.1
1986	670.67	9.68	182.30	11 194.3	697 11	3751.5	62.3	33.5
1987	747.41	9.76	181.93	13 813.0	8250.1	4781.7	59.7	34.6
1988	810.56	9.91	185.3	18 224.6	10 351.3	6587.5	56.8	36.1
1989	798.07	10.23	174.70	22 017.1	12 342.9	7858.1	56.1	35.7
1990	795.78	10.44	166.85	23 924.4	13 063.8	8522.7	54.6	35.6
1991	807.96	10.47	157.72	26 625.0	14 955.0	8783.0	56.2	33.0
1992	861.21	10.33	164.06	34 599.0	17 824.0	12 135.0	51.5	35.1
1993	991.16	10.47	180.36	48 402.0	27 725.0	16 464.0	57.3	34.0
1994	1001.71	10.22	186.30	70 176.0	26 201.0	26 472.0	37.3	37.7
1995	734.15	11.80	147.50	91 894.0	31 220.0	33 623.0	34.0	36.6
1996	798.65	11.38	159.18	99 595.4	36 173.0	39 232.2	36.3	39.4
1997	792.29	9.86	177.23	113 733.0	35 988.0	43 347.2	31.6	38.1
1998	797.46	6.47	179.78	119 048.2	336 210.0	45 730.0	28.2	38.4
1999	792.99	6.13	165.92	126 111	35 571	44 607	28.2	35.4

资料来源：国家统计局《新中国 50 年统计资料汇编》

二、1988—1997 年

1988—1997 年间，室内设计还没有涉及到个人家装领域。这个时期最多的项目是酒店、办公空间，还有政府的一些楼堂馆所等市政工程。

中国第一个真正的五星级酒店是广州白天鹅宾馆，于 1983 年开业。酒店全部使用进口材料，并且使用了香港的一套安装方法。这个酒店建成后，广东成了全国装修行业的引领者。

广州白天鹅宾馆

这十年中，中国还有一个酒店比较有代表性——由集美组室内设计公司完成的广州长隆酒店。这是一个有动物园的主题度假休闲酒店，代表了中国室内设计行业的新走向，因为它有一套完整的规划体系，并且从整体的策划设计到施工都是在国内完成的。

这十年中，室内设计行业也发生了很大变化。安徽省合肥市的第一家五星级酒店就是在这个时期建成的，负责施工及管理的项目经理、工人全部来自深圳，设计图纸由香港设计师完成。这个酒店在施工过程中与以往最直接的变化是，现场大多数的工作都是由电动工具完成。这是一个重大的改变，因为使用电动工具代表着工作的效率和精准度都会大幅提高，设计师的一些想法也可以得到完善的实施。

室内设计的发展得益于经济的发展，所以制造业和进出口贸易在这十年里飞速发展，这些行业把国外一些先进的理念和产品引进到国内。由于商贸往来的增多，大家需要有开会、用餐、娱乐的地方，所以需要修建大量的酒店、KTV 等场所，室内设计的第一波发展也是出现在这些领域里。

在家装设计上，当时每个家庭都是同样的模式——水泥地、大白墙。一个有意思的说法是：如果家里具备"36 条腿"，就是很高档的装修。"36

条腿"就是要有一张床、一个大衣柜、一个五斗橱、一个梳妆台、一张沙发、四个凳子，把这些家具的腿加起来一共 36 条。

当时的住宅制度还没有放开，以单位福利分房为主，所以住宅的装修或设计是同样的模式，机关办公室等也是一样——地面使用水磨石或水泥，更高级的形式是铺上地板，但当时地板的使用率并不高，墙面大部分是大白墙。

所以从 1988—1997 年，这一阶段最大的转变是改革开放前十年制造业的发展以及火爆的进出口贸易，二者带来了外商的投资，从而促进了经济贸易的发展，促使人们对相关的功能空间有了需求。这一阶段对室内设计来说是一个积蓄期。在这第一阶段，室内设计主要的需求集中在酒店、餐饮空间、会议室、办公室、KTV 等场所，也就是以工装为主。

三、1998—2007 年

在 1998—2007 年这段时间里，香港设计师和内地设计师的交流逐渐增多，信息也更加开放，这些都促进了中国室内设计的兴起。

中国室内设计的兴起也可以看作是从深圳开始的。在 2000 年前后，深圳的一大批设计师从一些传统的工程公司里逐渐独立出来。因为前期这些工程公司通过大量的项目积累，培养了大批设计人才，但随着香港的一些设计师进入内地，增加了设计师之间的交流，这些大工程公司里面的设计师开始有意识地自己创业。一大批传统工程公司的主创设计师开始独立创建自己的设计公司和设计品牌，比如从深装总装饰股份有限公司、深圳洪涛装饰股份有限公司、深圳长城装饰集团等走出来的姜峰、杨邦胜等设计师。

这十年，中国室内设计的兴起主要有以下三个方面的原因：

首先是城市化的推进。整个室内设计行业隶属于住建行业，在它的上游是城市规划和建筑行业。

如果没有城市化的推进，室内设计很难发展。尤其是在这段时间北京奥运会申办成功，有很多大型场馆需要建设，从而带动了周边的交通设施、住宅的建设，也带动了整个室内设计行业的发展。

第二，住宅商品化与房地产的发展。住宅商品化后，有了住宅小区，同时小区还要有配套设施，旁边要有商业空间、学校、医疗设施、交通设施、文化设施、休闲娱乐空间等，所以，住宅的发展也带动了其他领域。在 1998 年之前，还没有家装行业，从 1998 年开始，住房制度改革之后，随着第一批香港开发商进入内地，把作为销售道具的展示样板间也带入了内地，于是出现了样板房这一室内设计的类别。在室内设计领域，目前有一家非常成功的公司——梁志天设计集团，美国室内设计杂志《Interior Design》发布的全球百大室内设计师事务所排名研究报告中显示，梁志天设计集团于 2016—2018 年连续三年稳居住宅类设计公司全球第一位。它们设计了由香港开发商在上海投资的一个住宅项目——"东方曼哈顿"的样板房，从此把"梁氏"简约设计带入内地。同时这十年也成就了一批像梁志天设计集团这样的企业，因为在这个阶段，室内设计领域中，住宅设计的发展是最快的。

地产的发展也培养了一大批设计公司，越来越多的项目使市场对设计师的需求突然爆发，一些从大工程公司或者集团公司里面独立出来的设计师刚好顺应了这样的市场，得到了很好的发展。这些设计师也随着地产公司的发展，把业务拓展到全国。他们与工程公司在设计上展开业务合作，此后，工程公司慢慢地演化成了项目总包方，项目总包方把它项目中的设计这部分分发给独立的设计师，与设计师形成一个互相协作的发展模式，使室内设计行业有了更协调的发展。

随着城市化的推进、地产的发展，以及住宅商品化的进程，家装市场也慢慢地兴起了。这时深圳开始出现一批比较有代表性的设计公司，如发展比较早的深圳居众、深圳名雕，它们属于南派的装修公司。因为它们大部分是从之前的工程公司里面分化出来的，所以更加注重技术。它们有成熟的技术和技术管理体系，以及工程操作体系，所以更加务实。同时还有北派的装修公司，例如东易日盛、北京元洲、上海佳园、荣欣装修公司等，它们更加注重品牌包装，所以在后期会有资本运作、上市等一系列动作。

第三，香港回归之后，一批香港设计师为内地设计师带来了一个成熟的运作模式和直接的参考。除此之外，内地设计师在信息获取上也变得更便捷。在此之前，内地设计师获取不到国外的优秀设计案例和资讯，但是香港的设计公司可以获得欧洲、美国等地的第一手信息，包括相关书籍、参考资料等。同时，随着内地媒体的发展，内地设计师在信息的获取方面有了很大进步，他们在借鉴了香港设计师成熟的发展模式之后，也获得了快速的发展。

基于以上原因，室内设计行业在这十年有了快速发展，但是那时的内地室内设计还处在模仿阶段。不过我们现在可以看到，当时有很多古典风格、欧式风格，或是雕梁画栋的设计，因为之前其他各个行业得到了充分的发展，大家的经济水平有了提升，一部分人的消费带有一些炫耀的性质。另外，这些偏向于欧式、古典的装饰风格也带有一定的跟风成分。比如在 1998 年，室内设计流行用榉木，全国各地的项目都在用这种木头；1999 年流行沙比利木，又引发了一股热潮；2001 年流行的是柚木……跟风模仿成了行业里最普遍的现象，其主要的原因是信息匮乏，大部分设计师只能按照别人做过的、成熟的、验证过的经验复制模仿。

四、2008—2017 年

在 2008—2017 年这十年里，主要有三个关键点：

第一个关键点是互联网对信息的开放。信息的开放加快了所有人的学习速度，也开阔了大家的眼界。最早在互联网上室内设计行业里面有一个论坛——ABBS，当时是聚集设计师最多的地方，大家可以在这个论坛里共同学习、讨论。后来在室内设计领域有了马蹄网，大家可以在网站上传资料，共享心得，也可以下载更多设计前沿的案例。到了 2014 年，

移动互联网开放，大家进入了一个信息大爆炸的时代，现在在手机端，
每个人都能搜索到想要的资料。但对设计行业来说，盗版资料的买卖是
设计知识的产权无法得到保护的弊端。从积极的方面来看，行业里新的
思想、新的案例层出不穷，传播速度非常快，设计师们有了学习的动力，
整个行业水平得到了提升。对室内设计行业的发展来说，更多可供参考、
借鉴的信息起到了最直接的作用。

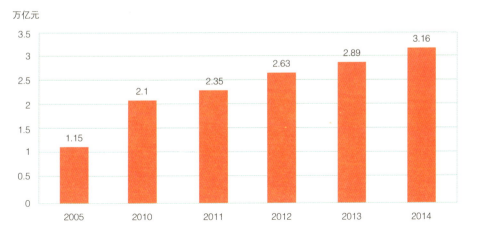

2005—2014 年中国建筑装饰行业产值情况

另外,各种项目依然在持续增加,室内设计依然处在一个高速发展的时期。行业发展的速度高于国家 GDP 的增速,说明至少在当时,这个行业是一个快速发展的朝阳行业。

除此之外,随着出国越来越便捷,设计师能够快速地接收到国外的信息,当他与业主交流的时候也有了更多谈资,设计师和业主之间更容易找到共同的语言,达到一种默契,这个时候在设计上的沟通也就更融洽了。

第二个关键点是行业分工的精细化。室内设计行业内部开始出现分工,不会再出现哪一家设计公司能做所有项目的情况。因为如果设计公司参与所有项目,它的辨识度就会降低。前面提到那些最早从工程公司中演变出来的设计公司,随着经济的发展、市场的发展,慢慢从早期做场馆会所或酒店这些类型里分化出了一些做家装、餐饮空间,或者其他项目类型的公司。家装公司又慢慢细分,分化出了专门做别墅的设计公司等。

除了经济发展对行业有促进之外,业主对设计的需求也有了提升,而这也促进了行业分工的细化。《时尚家居》《瑞丽家居》《装潢世界》《ID+C》《室内设计师》等一批杂志和一些专业图书的普及、专业网站的传播,对大众的审美是一种培养和提升，大家对美好生活有了向往，设计师的客户也开始对自己想要的空间或生活环境有了清晰的认识，知道什么样的设计更适合自己。对设计师来说，这也是一种促进，不论是在设计上还是施工上，他们都开始寻找自己的特长。

第三个关键点是审美的个性化。前面提到的 1998—2007 年这十年间，对大部分设计师来说还处在学习期，只能模仿。但是随着信息的开放，大家开始找自己与众不同的地方，设计行业也由此变得百花齐放。

在 2008—2017 年这十年里，潮流的更替变得越来越快。上半年流行新中式风，下半年流行简约风，再过一段时间又流行复古风或后现代风格。潮流和风格演变速度的加快有两个方面在推动：

首先，地产设计中的样板房设计周期很短，两三个月即可完成，之后很快可以对外开放，接受媒体的报道。另外，地产公司对样板房设计的个性化容忍度更高，对他们来说，样板房可以起到展示性的作用，对设计师来说，样板房就像一个设计产品的试验场所。

样板间面向大众开放之后，无形之中也提升了业主的审美水平，业主看到了住宅空间更多的可能性，无论是张扬还是实用，都可以促使业主做更多的尝试。

第二，自从我国加入世贸组织之后，更多境外设计师和设计公司进入到中国，国外设计师在中国设计了许多作品，例如中央电视台总部大楼、国家大剧院等，还有很多城市的地标性建筑。国外设计师带来了对设计新的理解和新的审美方式，这不仅对中国建筑师有很大影响，也给中国室内设计师带来了很大冲击，室内设计行业因此达到了一个更多元的状态。

第二节 室内设计公司的演化

首先我们把室内设计公司分成四种类型：第一种类型是设计施工一体化
公司；第二种是建筑设计院的室内分院；第三种是独立设计公司；第四
种是个人设计工作室。这是目前中国所有室内设计公司的四种基本形态。

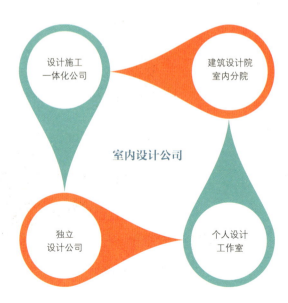

一、设计施工一体化公司的演化

在中国改革开放之后，有了室内设计这个行业，但大部分设计师早期是在施工企业里成长起来的。因为早期的项目，如果需要设计师非常专业，客户就会找非内地设计师来设计概念、设计方案、出图纸。但是在做施工过程中，必定要把这些图纸再细化，只有内地的施工企业具备深化图纸的资质，并且当时的现状是，时间因素是最重要的，一个项目的周期是固定的，所以通常最后的时间节点会放在施工企业身上，这时候，施工企业就不得不配备专业的设计师，它们对设计人才的需求就变得非常大。

如今活跃在中国的资深设计师，绝大部分是出自这个体系，比如作为设计施工龙头的公司——金螳螂，发展到如今大概有 5000 名设计师，培养了大量的室内设计人才。还有深圳的深装总装饰股份有限公司、深圳广田集团、深圳长城装饰集团、姜峰室内设计等，有一些设计施工一体化公司现在已经上市，但是它们都是施工企业，也可以算作总承包公司，或者是精装修总承包公司，这些公司的设计人才也都经过了实战项目的训练。

最初，大多数国内项目的设计和施工没有分开，好的项目都在这样的公司里，政府的一些招标项目设计和施工也会委托给这样的公司，大量的楼堂馆所等项目由这些设计施工一体化公司完成，它们的设计业务也是最多的，这就是通常所说的工装领域。工装领域里绝大部分的项目体量比较大，这也锻炼了国内室内设计领域的一大批人才。但是现在随着市场的演变，设计施工一体化的公司越来越难留住高精尖的设计人才，市场出现了分化，风向标也发生了改变。现在客户需要找一个好的设计公司的时候，通常会把合约单独拿出来，在市场上寻找一个设计公司或是个人设计师，他们希望把设计和施工这两个工作流程分开。

在源头上，早期部分项目涉及投标，有流程上的限制，一些工程公司掌握着资源关系，可以拿到这些项目，其他设计师因为不善于经营及营销，很少能获取到这些直接的客户资源。但是现在信息更加透明、更加开放，之前那些不擅长找资源的设计师，他们的价值也能获得认可，更多业主也认识到，需要从源头把设计做好，才能做出好项目，项目的可持续性才能提高。设计费用在整个项目成本里面占的比例非常低，但是业主认为，如果项目设计得特别精彩，项目的价值会非常大，反倒是施工体系现在已经成熟，无论由谁来施工，都没有太大的差别。设计师是整个项目的关键，更像一个统筹，从前第二阶段或第三阶段的事情变成了第一阶段，施工退居到了二线，这其实就是市场对设计价值的认可得到了提升。另外在市场的演变过程中，设计施工一体化公司会出现一些问题。如果设计和施工同在一家公司，那么对企业来说，它一定是以盈利为主要目的，这时候设计师的立场就容易受到公司的左右。设计师的工作都是由公司来考核，所以在很多情况下，当设计和施工产生矛盾的时候，企业会给设计师带来压力，保证施工优先于设计，这也是促使客户把设计和施工分开的原因。因为这样，设计会作为一个独立的第三方，真正把它的价值体现出来，不会受到其他因素的左右。

当然，设计和施工是否分开还要看具体项目的性质。在私人住宅这个领域，业主还是倾向于设计施工一体化，特别是在二三线城市。因为对业主来说，设计师交给自己的是一个完整的家，如果把设计和施工分开，中间会涉及到分工和权责的问题，比如因为中间各种人员素质不规范，沟通环节多，所以业主更希望找到的这个设计师能帮助他解决所有问题。未来，设计公司会越来越专业，设计施工一体化公司会退到后面，把落地工作、现场设计、深化工作、供应链等环节做得更好，这是设计施工一体化公司的核心价值。

设计施工一体化公司与设计公司的基因不同。举例来说，设计施工一体化公司的设计费收入能占整个公司收入的多少比例呢？能给公司带来多少账面上的利润呢？微乎其微。设计施工一体化公司的基因是要靠施工这条产业链赚取利润，但是设计公司要靠自己创造的设计价值来得到利润，这两者在价值上有冲突。

现在已经发展出两个新的现象：首先是前面提到的，最早的这些设计公司是从大的工程公司里分化出来的，而经过将近 20 年的发展，这些工程公司反过来要与当初从他们这里分化出去的设计公司合作，因为现在大家对设计的重视程度越来越高了；另外一个现象是，当设计做得好的时候，或者有了一定水准的时候，后期做工程会更容易，这也是当年金螳螂要收购 HBA 设计公司的原因，因为从设计端切入，后面的工程也会越来越顺利。

从前，大家都认为做工程能谋取暴利，但是随着未来互联网和区块链的发展、产品价格的透明化，做工程的利润会越来越小，机会也越来越小。这个时候更要从前端的设计切入，再连接后面的工程，形成一个正向的循环——当工程做得好的时候，设计更容易得到认可；当设计做好之后，工程质量更能得到保证。如果反过来，设计做得不好，很难通过工程去弥补；如果工程做得不好，客户也不会给一个公司第二次试错的机会。

这就是服务的一致性，或者说新的一体化模式。未来，设计施工一体化公司甚至还会包括前端的项目定位策划、招商合作、后续的运营以及商业模式的设计等，市场对公司的要求会越来越高。

二、建筑设计院室内分院的演化

在 30 年前，还没有独立的室内设计公司，除了由设计施工一体化公司完成的项目之外，剩下的项目基本是由建筑设计院完成，也就是由建筑师完成。随着城市化的推进、住宅商品化的开始，建筑设计院进入了快速发展期。目前在国内，规模达到 100 人以上的纯粹室内设计公司非常少，但是规模达到 1000 人以上的建筑设计院有很多，个别甚至可以达到 3000~5000 人的规模，这也是由建筑设计院的属性决定的。

早期，一个建筑设计项目通常比室内设计项目规模要大得多，建筑设计院的人均产值也比室内设计公司高，这导致了建筑设计院出于经济效益的考虑不愿意去做室内设计项目。但是后期，市场对它们提出了要求：希望从建筑到室内能一体化完成，所以建筑设计院发展出了一些室内分院或者分所。在国内，有很多知名的以建筑设计为主的设计院，通常下面会包括数个综合室内设计分所，因为行业内有了精细化的分工，这是行业的现状。但是目前建筑设计院已经错过了更好的发展机会，之前他们不愿意做的室内项目已经被市场细分出去，再加上室内设计的项目通常比较小，流程非常烦琐，需要更多沟通和更细致的服务，所以更适合小型的事务所或者室内设计公司。现在，即使建筑设计院重新把客户和专业积累起来，也已经失去了最好的发展时机。未来，建筑设计院和室内设计公司也可能会变成一个联合体，或者是战略伙伴，进行长期合作。

三、独立设计公司的演化

独立设计公司这个概念最早还是来自深圳。因为中国本土的设计公司大部分还是从深圳的大型工程公司里面分化出来的，它们最直接的参照对象就是香港公司，像梁志天设计集团、高文安设计公司。因为香港公司最早是在深圳开分公司，他们为内地设计师带去了成熟的操作经验。内地设计师可以近距离地与香港设计师一起做项目，也可以对标学习，研究他们的设计手法。但是地域限制了这些设计公司的发展，因为深圳的市场比较小，所以，当深圳的一批设计公司兴起之后，随着万科、中海等深圳本土开发商到全国开拓市场的过程，设计公司的触角也自然地延伸到了全国各地。从另外一个维度来看，为什么深圳的独立设计师或者设计公司在经营理念上比较超前？在规范上比较严谨？因为深圳的这一批设计公司从成立之初就面向全国开拓市场，它们首先要自己准备好，才能迎接更多挑战。

深圳有了独立设计公司之后，也诞生了一大批知名的个人设计师，比如最早的"深圳十人"。但是其中很多设计师现在又慢慢地淡出了这个行业，因为这一批设计师前期靠从大工程公司里分化出来的客户资源，撑过了创业阶段，获得了早期红利，但是到了从创业到守业这个阶段，很多设计师不善于经营，不善于管理，面对市场有很多短板。所以到了这个阶段，经营得好的设计公司发展会越来越好，比如已经上市的姜峰设计公司、杨邦胜设计集团，还有洪忠轩的深圳假日东方设计公司。除了深圳之外，国内其他城市的设计公司也开始慢慢发展，很多在一线城市设计公司工作的设计师，慢慢回到自己家乡的城市创业，创办自己的个人公司，整个室内设计行业也逐渐红火起来，各个城市都有了具有地域性特征的设计公司。

四、个人设计工作室的演化

20 年前，个人设计工作室在国内还很少，包括在香港也没有参照对象。但是随着社会的开放，大家可以出国游学，可以看到很多国外的个人工作室，再加上设计公司创业的成本和门槛都比较低，这些都触动了国内的设计师以个人工作室的形式创办公司。

个人设计工作室在国内的发展并不顺利，这与中国的市场行情和环境有很大的关系。因为国外的个人工作室是建立在整个社会化分工协作体系的基础上，它有社会的诚信保障体系做背书，但是国内的个人工作室因为缺乏专业协作和社会的诚信保障体系，所以并不容易经营。比如一些家装公司，在客户付了设计费之后卷款而逃，这样的现象会使很多业主形成一种心理压力，造成个人工作室或者小工作室的信任度比较低，所以个人工作室的生存一直比较艰难。

第三节 互联网融入设计产业

互联网到底给室内设计行业带来了什么样的影响？从身边发生的现象来看，可以从四个方面理解。

一、互联网打破行业信息鸿沟

互联网的信息对室内设计行业产生了巨大的影响。就像前面提到的， 从最早的 PC 端的论坛到网站，再到现在这些新媒体，信息的传递速度越来越快，这个行业里每个设计师都能够平等地获取最新的资讯。信息的代差会直接影响设计师的认知，但当互联网把这些信息扁平化之后，内地设计师和其他地区的设计师已经站在了同一条起跑线上。这是一个翻天覆地的变化，也是国内室内设计行业目前获得的最大的发展。

二、互联网家装及工具类软件

从 2015 年开始，室内设计行业里出现了一个现象——很多其他行业开始侵入。最典型的例子就是在互联网家装领域里，从"爱空间"开始，在之后的一年之内，有几百家号称"互联网家装"的跨界公司进入到这个行业，这也意味着已经开始有更多的外来人才、技术、资金进入到这个庞大的行业。移动互联网近几年对我们的生活最大的改变就是在吃穿住行上，大家的吃、穿、行都已经得到了改善，现在唯一还没完全解决的就是"住"，因为"住"的体量非常大，产业链也很深，涉及到的流程也非常复杂，目前还未完全依靠互联网得到明显的改善。但大家都认为这个行业的"蛋糕"巨大，所以未来一流的人才、技术、资金都会进入这个领域。

另外，工具类软件开始进入到设计行业的细分领域。比如现在名气很大的酷家乐——一个 VR 智能室内设计平台，以分布式并行计算和多媒体数据挖掘为技术核心，号称有超过 1000 万注册会员。会员主要是设计师，还有部分业主和装修公司。

还有三维家（一款 3D 云设计软件，以家装设计为主）、打扮家（专门为小型装修公司、家居建材公司服务）。这些软件有的专门从装饰公司领域切入，有的从设计师领域切入，有的从销售谈单领域切入，还有的从软装设计师领域切入，同时，每一类软件都有不同的目的，有的是为设计师提供一个快速签单的工具，有的是提供一个效果表现更好的工具，有的是为了打通各领域工作之间的联系。丰富的软件为设计师提供了很多帮助。

三、互联网改变获客方式

设计类网站土巴兔装修网、齐家网、艾佳生活等有巨大的用户流量。成立比较早的齐家网是以建材包的方式团购，业主在装修房子的时候团购所有主材可以获得很大优惠。土巴兔装修网是通过广告模式大量获客，它利用设计师的案例吸引大量的客户，然后再分发流量。艾佳生活最早

028 | 029 室内设计行业概述

是与精装修房捆绑在一起，提供从硬装到软装的整体服务。另外还有万科城里，它是从物业服务的角度获客。总之，在所有的细分领域里，或者在不同的工作阶段、不同的服务内容里，都有互联网的介入。大家都看到了这个行业巨大的市场容量。但是需要找到合适的入口，比如"爱空间"家装互联网公司，就是为未来的互联网智能家居找到入口。

在室内设计行业，绝大部分的问题都出现在供应链交付和产品交付上。目前在整个装修和大家居这两个板块里，建材供应链上有很多类型的互联网公司在介入，其中一类是原来的家居建材公司，例如百安居；还有一类以原来的房产商为主，比如万科，它们已经积累了很多项目经验；再有一类就是原来传统的电商平台，比如京东和阿里巴巴。

另外还有一种创新的案例——用互联网的方式做行业整合。整合的形式通常分为三种：一种是针对建材领域的整合；一种是针对辅材领域的整合，为装饰公司服务；第三种是整合一个软装供应链。

四、其他行业跨界

这里列举三个其他行业的跨界案例。近两年最具热度的盒马鲜生是一个新物种，一个新开发的商业综合体里面，如果没有盒马鲜生入驻，从某种程度上说明这个地方的档次较低，如同几年前一个新的商业综合体里没有星巴克，大家就会觉得这个商业综合体不够好，而这种情况会影响它的租金收入和物业的价格。这就是新物种的跨界，而且这些新物种已经成了一个 IP。

另外一个例子是 WeWork 联合办公空间。WeWork 是一家办公场所租赁公司，为企业家、创意人士、自由职业者们提供共享办公空间。在办公这么大的领域里，又出现了这样的新物种，这也为室内设计行业带来了启发。

第三个案例是深圳的彩生活服务集团有限公司，其前身是一家房产公司，后来转型做社区服务，这家公司管理的物业资产在全国是最多的。原来的商品房是一种快消品，在拿地、开发、设计、建造、销售这些环节完成后，服务也随即结束，但是社区服务是把原来对房子的服务变成对人的服务，通过这种转变，企业可以开拓更多的发展空间。

从以上这些案例中可以看出，近几年室内设计行业的跨界、和互联网的结合产生了新的技术模式，这个行业有了很多改造和创新，也有其他行业通过与室内设计的跨界结合，创造出新的物种。未来的 10 ~ 20 年中，室内设计行业最主要的变化将是从关注具体的物到关注人，换而言之就是更加精细化且人性化。精细化作业的出现是必然，在工业时代，设计并不重视人的需求，比如原来的一些商品房，建成后立刻被抢购一空，所以并不需要考虑人在里面的生活到底是什么样。但是未来，精细化作业是大势所趋，设计的关注点就要回到用户身上。

这是一个必然的过程，就如同市场经济的发展，必然是从前期的粗放式发展转变到精细化发展，回归到产品身上，回归到用户第一这个落脚点。互联网的出现促进了这样的转变，这也是互联网带给我们的最大的好处。

第四节 设计师和设计公司的发展

一、设计师如何塑造个人品牌

前面提到设计师群体的整体分化趋势是最早大部分设计师在工程公司里面工作，然后出来创业，出现了个人设计公司和个人工作室的经营模式。

当设计师自己创业的时候，大家都会思考：到底是应该用自己的名字注册公司，还是要用一个公司的名字注册？

早期香港的一批设计公司都是用创始人的名字注册，比如梁志天设计集团、高文安设计师公司，但是这要根据不同的市场形势变化，内地的市场背景与香港不同，大家对于个人的信任度没有那么高。所以在公司创业的时候，可以用创始人的名字注册公司，这样便于公司在创业初期快速起步。因为对于客户来说，他们需要的是能够直接找到帮自己服务的这个人，用创始人的名字命名公司其实是方便客户，也是方便公司为客户提供服务。但是当公司发展到一定阶段的时候，就应该慢慢地弱化或者淡化个人名字。因为在这个公司工作了一定时间的员工也希望未来能够在这个公司里找到属于自己的定位，或者当公司发展到一定阶段的时候，需要有新人加入到经营管理的团队，这个时候如果还是用个人的名字命名公司，会对公司的发展形成一些制约。如果公司有公开化的名称，更便于团队的传承。例如，从梁志天设计集团的整体演化过程中可以看出这种变化，现在这家公司对外用 SLD 这个名称，用几个字母弱化个人品牌，逐渐淡化个人在公司里的影响力，同时逐渐提升这家公司的品牌价值和公司 IP 在未来的影响力。

但是在设计师创业初期，需要尽力提升个人品牌价值。因为在现在这个时代，人和人之间的信任需要靠一个力量维系，所以公司的品牌必须要强化，它能让公司快速被客户认知和了解。

另外，对一家设计公司来说，它输出的最成功的产品其实是服务，而服务需要靠团队和具体的人去完成。公司里每一个人的个人品牌、职业操守都直接影响着客户。客户可能会因为知名度和口碑找到一家公司，但是服务的过程需要每个人的努力，所以，公司里面的每一个人——从老板到员工，都需要建立自己的个人品牌。个人品牌其实就是我们每个人未来的个人 IP，在互联网时代，个人和企业的信息更加透明，现在人们去餐厅吃饭，首先要在点评网站上看这家餐厅的口碑，未来，当客户要找某一个设计师做设计，可能也会通过网站或微信朋友圈了解这个设计师的品位，以及他每天在关注的事物。所以，管理自己其实就是在塑造个人的品牌，塑造自己的个人 IP，也是在打造职业化的形象。

多年来，室内设计师和室内设计公司的竞争力在不断发生变化。可以说，室内设计师和室内设计公司的 1.0 阶段主要是解决生产问题，也就是谁能加班、谁能熬夜就能胜出，例如拥有千人规模的设计院；2.0 阶段要拥有创意能力，方案就是核心竞争力；3.0 阶段的核心是产品能力，创意和服务能不能稳定是该阶段最大的挑战；4.0 阶段就是要依靠公司品牌，用产品、服务等占领用户的心智。

二、设计公司品牌化更有利于市场竞争

现在，大家已经越来越重视品牌，这首先是因为市场的发展。从前如果设计公司业务能力足够强，项目会源源不断，不需要建立公司的品牌，或者塑造个人的影响力。但是最近几年因为市场变得更加理性，客户越来越专业，他们需要找到与自己匹配的公司，于是设计公司的竞争也就越来越激烈，面临着抢占市场资源的情况，所以大家对品牌的重视度也越来越高。

设计师和设计公司竞争力的变化	
1.0 生产能力	能加班、能熬夜
2.0 创意能力	方案好
3.0 产品能力	创意稳定、服务稳定
4.0 用户心智	产品、服务、商业模式、媒体、策划、研究……

034 | 035 室内设计行业概述

另外一个方面就是人才的因素。作为一家设计公司，始终要在两个市场进行竞争：第一个是客户市场，大家要去争取市场份额；另外一个就是人才市场，因为一个设计公司要发展，最重要的就是人力资源。公司要不断地储备人力资源，也要培养好的人力资源，然后再靠这一批人力资源去吸引一些优质的客户，优质的客户才可能带来好项目，好项目才能转化为优秀的作品，优秀的作品才能更广泛地传播。所以，人才市场的竞争也是当下设计公司需要面对的问题。当一个设计公司既没有知名度，也没有行业影响力的时候，很难留住优秀的人才。对设计公司的经营者来说，这就是促使他们打造自己的影响力、打造公司品牌的一个因素。

对于公司来说，招聘人才无外乎是通过网站和猎头推荐，但是有测验表明，真正对一个人才具有吸引力的因素其实是这家公司的专业高度和老板的个人魅力。特别是现在的"90后"人群，他们选择一家公司，最重要的原因并不是因为这家公司给他的待遇有多好，他更想知道的是在这家公司能学到什么、未来的职业规划是怎么样的。

所以，从前那种盲目地去网站招聘的形式对高端人才的引进已经没有太大的意义。因为高端的人才会对目标公司的价值观有充分的了解，他们更希望公司能与自己的能力相匹配。也就是说，当公司的品牌具备一定的知名度，专业程度更高的时候，自然会匹配到一些跟公司企业文化、价值观相匹配的优秀人才。

另外，在很多公司发展 3~5 年之后，会出现一个离职的高峰期， 这个高峰期的出现是因为在这个阶段，员工对公司已经有了充分的了解，当这个公司没有更好的发展的时候，人往高处走，水往低处流，员工必然会离开。所以，公司的经营者必须不断地去经营自己的品牌，因为当经营公司品牌和个人品牌时，无形之中是在传达给客户和团队一个信息——公司一直在成长和发展。

三、IP 化是新环境下设计公司的必经之路

目前的设计公司也好，事务所也好，工作室也好，个人也好，都不得不打造自己的品牌，归根到底是为了达到生存的目的，是到了目前阶段不得不做的一件事。引用互联网与社会化营销资深专家吴声老师的话： "在这个时代，要么成为 IP，要么去死！"他已经把 IP 化生存提到了一个企业或者个人的战略顶层设计层面，认为 IP 化是未来个人在商业世界里面生存的唯一方式。

无论设计公司也好，还是个人也好，面对的都是市场的竞争：用户对你的选择和人才的竞争。如果一个 IP 能整合企业做成一条产业链，客户、资金和资源就会随之而来；能吸引什么样的人，也就有什么样的团队。全方位的竞争过程中，靠什么作为抓手？该有什么样的核心能力？

IP 化可能是每个公司和个人唯一能够自我掌控的方式。从互联网的角度来解读，360 集团创始人周鸿祎说过："以前大家做事是先把事情做好了，再讲情怀，现在这个时代是先讲情怀再做事情。" 其实就是说，当我们把自己要做的事情理顺之后，积聚了资源，才能召唤到合适的人，这个时候才可能把一件事情做得更好。就像《人类简史》中所讲，所有一切都是一个虚构的想象，但这个虚构的想象能够引来多少人才是核心。

过去 30 年，室内设计行业从无到有，从野蛮生长到专业化分工，实际上也代表着中国经济的发展。现在，周围的环境发生了重大的变化，原来所有的物资都是供不应求的，只要生产出来了，就可以卖完，也就是产能不够。但是 30 年后的今天，大家还能想到生活中有什么东西是买不到的吗？有什么东西是只有一家企业可以提供的吗？几乎没有。所有的商品从供不应求，变成了供大于求，而且"供"远远大于"求"。

在这样的宏观环境下，现在的企业并不是比谁的生产能力更大，而是要比怎样能让客户找到自己，怎样让客户更加信任自己。设计师作为一个专业人士怎样被别人信任？最重要的就是要成为专家，但是要成为一个专家，成为一个被别人信任的人，就要有更大的影响力，就必须去塑造个人品牌，或者公司品牌，即团队品牌。

随着宏观环境的变化，商品和服务从供不应求到供大于求，导致各个行业里出现了新的竞争形势，竞争环境也跟着发生了变化。市场、品牌、人才、资金、资源等多个维度的增加，导致个人和企业都不得不去考虑 IP 化的生存。所以在未来的商业世界里只有两种选择：要么 IP 化，要么被淘汰。

第二章 IP 方法论

第一节 什么是 IP

一、IP 的概念和形态

IP 是英文 Intellectual Property 的缩写，即知识产权。提到这个词，大家可能第一个联想到的就是电影，比如《变形金刚》《复仇者联盟》。人们对 IP 产生的感受可以理解为爱，这个东西被很多人接受、喜欢，还可以扩展成各种周边产品。IP 有很多类别，比如各种动画片，它们可以产生其他的衍生品；还有小说，比如《鬼吹灯》系列；还有游戏，比如魔兽世界。另外，大家对 IP 更直观的联想就是人，比如各个领域里的明星，被大家关注更多的是娱乐明星、体育明星、学术明星等。每一个领域里都会有明星，但是娱乐明星相对来说更容易被大家熟知。还有一类是品牌，在众多门类的品牌中，消费品的品牌更容易被传播，也更容易在大家的脑海中留下印象。比如提到运动用品，大家就会联想到阿迪达斯、耐克等耳熟能详的品牌；提到汽车，就会想到宝马、奔驰、保时捷这些品牌。大家原来理解的 IP 基本就是这样的形态。

原来的 IP 更多地是指虚拟的小说、具体的人、品牌等，但是近年随着移动互联网的普及，在大家身边出现了各种原来根本不可能成为 IP 的 IP，并且这些 IP 迅速占领了各细分领域。比如以人为主的 IP 是网红，从淘宝的网红到直播的网红，再到各个垂直领域的网红。这些 IP 都携带了大量流量，比如淘宝上卖服装的网红张大奕，在淘宝上已经运作了自己的公司；还有直播领域的 papi 酱，现在的直播领域里又细分出了很多类别，有游戏类的、营销产品类的网红等。在垂直领域里，"罗辑思维"的"罗胖"就是一个巨大的网红。还有锤子手机的"老罗"，这些都是巨大的 IP。大家在各自行业里面应该感受得到，未来在各细分行业的垂直领域里面，某个特定社区或者特定人群的网红会越来越多。

从以上这些相关的形态中可以看出 IP 的一些特点：第一，IP 有持续性；第二，IP 集聚的流量都非常大。

二、IP 的三个关键词

列举了这么多例子，到底什么是 IP？如果综合各个方面的解释，这句话可能最具有代表性——IP 是有内容力和自流量的魅力人格。这里面有三个关键词：

第一个是内容。没有内容肯定不会成为 IP。但内容可以有很多类型，每个细分领域里面都有不同的内容。

第二个是流量。如果不能吸引流量，也很难成为 IP。

第三个是魅力人格。这是最重要的关键词。现在有一个词叫"人设"，这个词应该会越来越流行。实际上，每一个在社会中的个体都需要有一个"人设"，也就是别人提到你，就能用一个词和你关联，或者用一句话就能使别人联想到你，而且对所有喜欢你的人来说，这个词是统一的。提到人格，其实 IP 不一定是指人，现在有很多虚拟 IP，它们的主体不是真正的人，比如现在年轻人比较关注的一个日本虚拟歌手"初音未来"，还有中国的虚拟歌手"洛天依"，它们都不是真实的人，但是它们被人格化了。这些网红带给我们更多的其实是一种情感的依托，让人和人之间有了联系。所以从这一点延伸开来，IP 最重要的一点就是人格化。为什么

日本虚拟歌手"初音未来"

需要有人格化？如果一个 IP 没有独特的人格或者人设，怎么会吸引人？又怎么吸引粉丝聚在一起？对于一个 IP 来说，大家为什么被它吸引？基于一个什么样的前提大家会聚在一起？大家聚在一起，其实是一种社交的形式。大家喜欢吴亦凡，喜欢的是他的人设，喜欢他给自己带来的一种存在感，共同的偶像可以成为大家互相交流的基础。所以 IP 为什么能够吸引人？它其实是为每一个人的社交、工作、 合作提供了一个资本，让每个人都有归属感和存在感，这样才有可能和其他人展开大规模的协作。

在这里列举两个案例。有一档选秀节目——《偶像练习生》，2018 年 4 月 6 日，在《偶像练习生》第一季的决赛中，最终排名第一的人叫蔡徐坤，他的粉丝量在所有明星中可能并不是最多的，但当时他的粉丝凭借高度的组织性、纪律性，可以在第一时间把他推上微博热搜排行榜的前几名，或者在短时间内，有关蔡徐坤的话题网络点击量高于 5 亿。这些粉丝在没有公司组织的情况下，可以自发地支持自己的偶像，他们认为当他们

帮助蔡徐坤的同时，也帮助了自己，即在把偶像推上巅峰的时候，自己
也获得了成就感。

有了这样的粉丝，有了这样的流量，才有 IP 的存在，有了这样的 IP，才
能展开大规模的协作。

另外一个案例也是一档综艺节目——《创造 101》，里面有一个人叫王
菊。在所有成员里，她的年龄偏大，颜值不算高，也没有太多表演天赋，
是一个普通人。在最初的几期节目中，每次都处在被淘汰的边缘。但是，
在一次节目中，她改变了自己的"人设"，她说："我要重新定义女团
的标准。"因为原来的女团成员都是甜美可爱的类型，她却认为：为什
么女团里就不能有一个像我这样的人——从底层开始，一步步靠自己的
打拼，从普通人成长为女团成员。在这之后大概两周的时间内，她自有
的粉丝还有很多本来不是她粉丝的人，全部加入到为她投票的行列，让
她走到了最后。

这些例子都说明有了内容和流量的人格化 IP 才能吸引更多人，才能有存
在感，然后他们才能大规模协作。这是 IP 的定义中最重要的三个方面。

三、成功的 IP 案例

这里列举几个成功的案例。第一个案例是米其林。早期的米其林只生产汽车轮胎，但在美国汽车工业化之后，人们经常驾车去旅游，又因为美国地广人稀，人口主要集中在东海岸线，所以大家在驾车旅游过程中需要停下来吃饭，故米其林做了一个餐厅指南，旨在告诉大家各家餐厅都有什么特色，哪一家的菜式比较好吃。

现在很多人可能不知道米其林轮胎这个品牌，但是大部分人都知道米其林三星。如果是能评得上米其林三星的餐厅，或者厨师，在这个行业相当于获得了诺贝尔奖，是一种至高无上的荣誉。所以米其林三星的餐厅指南也就成了一个巨大的 IP，反过来还会为它的轮胎品牌带来更多的价值。

第二个案例是模仿了米其林的另一个轮胎品牌——倍耐力。倍耐力每年都会出一本年历。这个年历每年都有数量限定，很难买到。而且倍耐力每年都会邀请一位女明星为年历拍一组（12张）照片——任何一个女明星如果能被邀请拍这个年历，就证明这个女明星的影响力和她的 IP 足够大。

第三个案例是设计师都比较熟悉的电视节目——由立邦赞助的《梦想改造家》。它最早是为了体现人文关怀，帮助一些一线城市里居住比较局促的家庭，用设计去提升他们的居住品质和生活品质。

这个节目播出之后反响很大，受到了很多普通观众的喜爱。

节目播出之后就变成了一个 IP。同时，在这里出现的很多设计师原来只能服务专业群体，现在他们也拥有了巨大的 C 端流量，得到了更多人的认可，也打造出了他们的个人 IP。

另外，对赞助商立邦来说，因为一直在赞助这个节目，所以自己也变成了一个 IP。立邦建立了一个叫"icolour"的设计师平台，帮助设计师做项目后期的推广和跨界合作，之后还推出了一个叫"刷新服务"的项目。原来立邦的产品起初只是卖给装修公司和甲方，不直接卖给 C 端为老百姓提供服务，但是通过这个节目，立邦借机推出了这个新业务，客户如果对自己家里的颜色不满意，立邦还会派人上门帮助翻新。这个刷新服务为立邦带来了巨大的的业务量。原来的立邦只卖一个类别的产品，即只为 B 端市场提供建材领域里面一个小小的细分产品，但是通过对这个节目的赞助和对设计师的推广，通过业务的演变，把自己变成了一个服务 C 端的 IP。

最后一个案例是乌镇。乌镇是一个位于江南水乡的古镇。最初的开发只是为了保护里面原有的一些老建筑，然后把它打造成一个观光旅游、度假休闲的小镇。乌镇有很多人文艺术场馆——由陈丹青担任馆长的木心美术馆、江南木雕陈列馆、余榴梁钱币馆等。但真正让它变得在国际上有知名度、吸引更多人目光的，其实是在这里举办的互联网大会。

互联网大会每年都要举办，参会的都是全球最高精尖的人，所以这个大会迅速把一个旅游度假的小镇变成了一个全球 IP。这也是为什么后来国家推出各种特色小镇之后，大家都去模仿的原因。大家看到了这个 IP 形成之后，其背后带来的是可以无限放大的价值。

第二节 互联网世界观

一、转变思维方式，塑造互联网世界观

从前面列举的这些例子可以看出，在思维方式没有发生变化的时候，其实很难做出本质的改变。因为世界观决定了每个人相信什么、能看见什么。因为相信，所以才能看见，因为看见了，所以更相信。马云曾说过："很多人输就输在，对于新兴事物，第一看不见，第二看不起，第三看不懂，第四来不及，第五跟不上。"芬尼克兹创始人宗毅说过的一句话也非常好："对新鲜事物的好奇心，是此生最好的投资。"设计师群体也应该这样——保有对新鲜事物的好奇心，不断学习，不断改变。

设计师感兴趣的细分领域相对比较封闭——只有专业里面的事情。但是如果关注的尺度非常小，往往会看不清前方。黄河九曲十八弯，如果只是站在同一个地方，是看不清这条河的流向的，但是如果身在空中，就会很清楚地看到黄河从西往东流去。也就是说，从更高的层面上看，往往能看到事情的本质。这就是大家都在说的，一定要有一点儿哲学思维，上升到另外一个维度、跳出这个圈子看问题。但是设计行业中的很多人都太专注于自己的领域，导致他们对很多信息都是排斥的，关注点只聚

焦在一个地方。这时候就需要去"破戒"。

在室内设计这个行业，原来设计师生存得很好的时候不需要想更多自己领域之外的问题，但是现在，伊甸园的果子快摘完了，需要大家走出去。很多设计师觉得，以前自己有成功的方式，只要一直遵循这个方式就可以，这是他们还没有危机意识的表现。为什么设计行业少有一个真正的高影响力 IP？为什么行业里很少有人愿意塑造品牌，打造一个有影响力的群体或者公司？其实就是受从前固有思维模式的影响。

互联网时代给了大家一个重新出发的机会。以前的时代就像人站在自动

扶梯上，时代推着人向前。但现在这个时代，大家已经重新回归到起点，这个时候如果对外界的认知和理解更深入，行动更快，就会有更多的机会。到了互联网时代，设计师如果还用工业时代的思考方式，一定很难适应这个社会。如果思维不发生改变，不去重新学习，看到再多的 IP 方法论也只是看到表面，很难从本质上和业务、个人成长发生直接关系。

二、互联网世界观下，思维方式发生的三个变化

在思维方式上，现在的互联网世界观和 15 年前或 20 年前相比，到底发生了什么样的变化？主要有三点：

第一个变化叫"从决定论到概率论"。通俗一点儿就是指现在不确定的因素太多。原来所有的公司，包括五百强企业，只要有一个产品、一个专利，或者是形成了一个竞争壁垒，就可以安全地存活几十年，但是一些曾出现在世界五百强排行榜上的巨头公司，如今业绩也会下滑，甚至倒闭破产。这就证明了，现在不确定因素越来越多，所以每个人都不能再有做了一个产品或者有了一种客户，就可以高枕无忧的心态。

比如现在国内的三大互联网公司 BAT（B= 百度、A= 阿里巴巴、T= 腾讯），

这些企业在市值、规模、影响力等方面都已经超过传统企业很多倍，但是依然存在危机。腾讯 2018 年的股票在不到半年的时间内下跌 30%，因为出现了一个竞争对手——今日头条。今日头条的两个产品对腾讯构成了巨大威胁：一个是人人都在刷的抖音，另外一个是今日头条的信息流。

另外"西瓜视频""火山小视频"等也都是今日头条旗下的产品。腾讯的用户已经有很多，规模也很大，"护城河"已经很宽了，但是短短的两年时间，就有其他企业可以改变战局，那么在其他的行业，这种不确定性也同样存在。虽然有的传统行业暂时安全，但是一旦有新的竞争者，传统模式将没有任何还手之力。

现在有一个词叫"跨界打劫"。举一个简单的例子，方便面企业一定不会想到，"美团""饿了么"这些外卖平台会与他们形成竞争。方便面最近几年的销量大幅下滑，原因是以前人们肚子饿了的时候，方便面是最好的选择，但是现在外卖平台这么便利，还有很多选择，大家为什么一定要吃方便面？方便面企业不会想到它的竞争对手居然是外卖。

还有一个例子就是罗振宇在 2016 年提出的"国民总时间"的概念。用户一天的时间是固定的，如若把时间花费在一件事情上，就不能花费在另外一件事情上，所以可能很多游戏行业变成了其他行业的竞争对手，未来大家可能也很难知道自己的竞争对手是谁。

这个时代一个巨大的变化就是不确定性越来越大。这个不确定性体现在哪里呢？每一个互联网公司一开始创业期间制定的商业计划书，有时候跟最终提供的商业模式是完全不一样的。这也说明了，一开始预设好的计划往往不是正确的。这就要求大家在创业过程中适时地去做调整。成功不可能是预设好、计划好的，它只是一个概率。

再举一个例子。比如，原来所有的公司只要具备一定的规模，都会制定一个三年规划或五年规划，但是现在再制定这些规划也许已经没有意义了，因为三年之后周围的环境也许完全变化了，这会导致计划根本没有用武之地。所以，创业者要掌握"精益创业"的方法，也就是快速试错、小步快跑、不停地迭代。 这个相对于原来工业时代的认知已经发生了颠覆性的变化。

推荐书目：埃里克·莱斯《精益创业》

第二个变化叫"从事务性到关系性"。原来在工业时代，人们更注重的是具体的产品，或是服务。因为绝大部分公司要么是提供产品，要么是提供服务，无论是实体的还是虚拟的，一定是一个具体的事物或服务，但是现在大家已经从一个物质匮乏的时代来到了一个物质充裕的时代，拥有某个实物已经不再是最重要的了，反而是买了这项产品，或者买了这项服务之后，和它发生什么样的关系才是最重要的。

这里面有一个关键词叫作连接。以往不管任何产品、服务，都需要先拥有，但是现在一种新的模式叫连接，对所有人来说，这是一个很大的改变。

推荐书目：薛兆丰《薛兆丰经济学讲义》

在传统行业，如果企业规模加大的话，边际效应是递减的。比如在设计行业，行业龙头是大型设计院，虽然有的设计院可以连续十几年成为设计行业的领军企业，但是它的规模很难再翻倍。因为如果员工越来越多，管理难度会越来越大，人均产值也会越来越低。但现在的互联网公司，比如滴滴出行，车并不是滴滴出行自有的，它只是连接了司机和乘客，但是只要车越多，乘客就会越多，而乘客越多，车就会更多，这是一种双边效应。

电商平台也是一样，比如京东，因为来购物的人越来越多，商品就可以越来越多，商品越来越多，购买的人也会越来越多，当购买量变大后，供应商就可以提供更低的价格。这是在互联网世界发生的一个最大的改变——从实物到关系。基于实物的模式，边际效应是递减的，但基于关系的模式，边际效应可以无限变大，没有尽头。

第三个变化是"从机械论到生物论"。原来在工业时代提供一个产品，只要把这个产品的研发、设计、制造、生产过程完成后卖给顾客，整个流程就结束了。其核心是放在如何生产、如何制造、如何交付上，同时也包括如何保证产品的质量、功能。但是进入到互联网时代后，对很多商业模式来说，产品只是一个入口，能够吸引到巨大的流量或者社群才是它的商业模式。典型的案例就是小米手机。小米创始人雷军曾说："小米的产品，所有利润不允许超过 5%。"实际上，这就是把产品作为一个入口，一个获客的渠道，而不是通过产品直接赚取利润。小米首先通过产品把大量的流量吸引过来，接着为这些特定的流量社群提供增值服务，这是新的商业模式。其实这也是在构建一个生态体系，即手机只是一个入口，企业还有另外的一些产品（电视、扫地机器人等）。对那些按照原有的商业模式，要靠手机本身获利的企业来说，已经很难和小米竞争了。

所以，个人如果想打造互联网时代的 IP，从底层的思维方式上要发生以上这三个转变。如果世界观上和思维方式上没有转变，还沿用工业时代的做法经营自己和企业，将会很难适应这个新的环境。

第三节 IP 方法论

如何打造 IP？有什么样的方法论？核心需要三步走：第一步是预设定义，
第二步是多元内容，第三步是跨界连接。

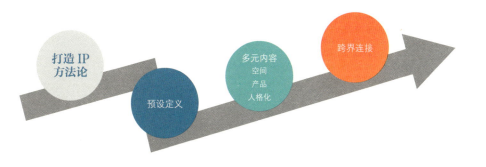

一、星巴克咖啡与 IP 方法论 "三步走"

以星巴克为例来讨论 IP 方法论的"三步走"。首先从第一步预设定义开始。
什么是预设定义？美国著名营销专家艾·里斯（Al Ries）和杰克·特劳
特（Jack Trout）于 20 世纪 70 年代提出了一个"定位理论"，有一本书——
《定位》，详细阐述了这个理论。简单来说，不管是个人还是公司，都
要给目标用户提供产品或者服务，给你的特定用户提供一个什么样的产

品，带来什么样的价值，这才是你存在的理由，否则别人为什么要去消费你的产品和服务呢？这就是预设定义。

推荐书目：艾·里斯，杰克·特劳特《定位》

星巴克的预设定义是第三空间。什么是第三空间？就是在家和办公室之外，第三个可以让大家坐下来聊聊天、发发呆、会会朋友的空间，这是星巴克的定位。把这个定位确定下来之后，很显然它就有了独特的价值，因为它和每个人的生活场景都会发生关联，使人觉得自己需要一个这样的第三空间。所以把预设定义确定好之后，星巴克的品牌战略实际上就已经确定了，聚焦在第三空间，不会和酒店竞争，也不会和办公室竞争，而是从聚焦的细分领域入手，给认可这种生活方式的用户提供价值。

第二步是多元内容。提到星巴克，大家肯定会想到咖啡。但是咖啡也经历过很多变化，最早大家所熟知的咖啡叫雀巢，它是速溶的，被当成礼品来相互赠送。而星巴克留给大家的是一个像麦当劳、肯德基这样标准化的线下连锁门店的印象，所以从多元内容的角度来解读星巴克，可以有三个方面：

第一个是空间。空间是什么意思？现在全球的星巴克可以分成四种门店。第一种是最多的标准化门店，对面积、区域位置等都有要求。第二种叫快捷化门店，这种门店和一些社区或办公室结合，面积更小，体现的是可以快速让顾客将咖啡带走的理念。第三种叫臻选咖啡厅。这种门店会吸引一些咖啡"发烧友"，店里的咖啡也是以精品为主。最后一种叫烘焙工坊。2018年星巴克在上海开了一家烘焙工坊，这家店给大家带来了什么呢？里面的玻璃房子在演示着咖啡生产的整个过程——一颗咖啡豆从加工到烘焙，再到制作。这个空间已经超越了单纯供人们喝一杯咖啡的地方，而是变成了一个大家可以去体验咖啡生产过程的空间，成了去拍照、发朋友圈的"打卡圣地"，所以这个空间首先变得多元了。

第二个是产品。星巴克的咖啡有很多种，在不同的季节有不同的口味主题，在不同的国家也有不同的定位。星巴克还有小吃，其自由组合据说有 8000 多种，实际上这是给每个人提供了不同的个性化选择。另外还有一些衍生品，比如杯子。还有一些限量款、会员款的产品，以及用来赠送的礼品卡，还有跨界和其他品牌合作的衍生品。这证明了它的产品也是多元的，不仅仅是卖咖啡。

第三个是人格化。星巴克创始人霍华德·舒尔茨（Howard Schultz）曾经出版过一本书——《将心注入：一杯咖啡成就星巴克传奇》（Pour Your Heart Into It: How Starbucks Built a Company One Cup at a Time），这本书中披露了他个人的成长细节，讲述了他的奋斗史。星巴克还推出过系列纪录片，主要关注残疾人权益、气候变化等社会问题，在星巴克门店里面的大屏幕上滚动播放。这些纪录片跟咖啡无关，但本质上是在宣扬自己的"人设"。

所以星巴克在多元的内容里面，是从空间、产品、人格化这三个方面不停地创新，才能形成一种更精准、更完整的生活方式。其实也是通过这些多元的外设，为星巴克这个主体 IP 赋能。如果仔细分析会发现，星巴克不是简单地在卖一杯咖啡，咖啡本身有很多组合，空间也有不同的组合，再加上人格化的形象，这些多元的内容才能形成一个大家心目中的星巴克，提到星巴克，才会想到一种生活方式，才能为它的第三空间赋能。

第三步是跨界连接。在前面提到产品的时候可以看出，星巴克在内容和形式上已经在做连接。这里只讲一个更大的连接。星巴克的上海烘焙工坊未来会成为一家智慧门店，融入 AR 技术。比如顾客来消费过一次，再进入店中的时候，摄像头的人脸识别系统就会获取他的信息，包括原来在本店点过什么产品，喜欢什么口味的咖啡等，这些大数据会被随时调取出来。虽然现在还不确定能不能完全实现，但至少星巴克已经在思考。如果在咖啡这个领域还只是聚焦在咖啡好不好喝这个问题上，就已经不能满足生存和竞争的需要了，所以必须跨界到势能更高的品牌、趋势、技术等未来的形态上，和它们做连接。

二、瑞幸咖啡与星巴克咖啡 IP 方法论的对比

星巴克咖啡在国内市场上最大的竞争对手目前已经不是咖世家咖啡，或者其他类似的咖啡品牌，而是目前发展还不到一年时间就已经成为独角兽的瑞幸咖啡。同样是咖啡品牌，在移动互联网的时代，瑞幸咖啡是如何快速成长，并且在品牌影响力、用户积累等多个维度迅速赶超星巴克的？瑞幸咖啡在短短半年时间之内迅速扩张，截至 2018 年 5 月，旗下门店已经拓展到了 500 多家。按照这样的发展速度，再有一年的时间，瑞幸咖啡在中国的门店数量就会超过星巴克。星巴克用了超过 15 年的

预设定义	多元内容 （空间）	多元内容 （产品）	多元内容 （人格化）	跨界连接
星巴克咖啡 定位高端 瑞幸咖啡 主打上班族 白领群体	星巴克咖啡 空间较大 瑞幸咖啡 写字楼下 店面更小 延伸到虚拟空间	星巴克咖啡 产品多样 价格高 瑞幸咖啡 产品少 价位比星巴克低	星巴克咖啡 以创始人为 人格化目标 宣扬创业梦想 瑞幸咖啡 专家 （世界咖啡师 大赛冠军）+ 明星 （白领认同形象）	星巴克咖啡 与其他品牌合作 创造跨界产品 融入 AR 等新技术 瑞幸咖啡 互联网营销 熟人之间社交裂变

时间发展出的规模，瑞幸咖啡用两年时间就超越了它，从中可以看出，现在这个时代的竞争逻辑已经不一样了。

在这里，还是同样按照 IP 方法论"三步走"的模式拆解瑞幸咖啡，分析它为什么会比星巴克发展更迅速。

推荐书目：杨飞《流量池》

首先从预设定义开始分析。大家对星巴克的印象是定位比较高端，包括价格定位。瑞幸咖啡定位的顾客是更年轻的群体——上班族、白领。他们请的代言明星是汤唯和是张震，这是大数据分析的结果，这两个明星更符合白领群体心中的"人设"。其实瑞幸咖啡的预设定义很简单，就是认为中国的咖啡市场这么大，未来的增量还有很多，为什么不能有其他咖啡品牌？

第二步多元内容，还是从三个方面分析。首先是空间。瑞幸咖啡的门店通常比较小，而且很多只开在写字楼下，利用写字楼大概十几平方米到二十平方米的空间，里面只有一个操作台和背后的一套设备。它把原来咖啡门店需要的物理空间搬到了虚拟空间，比如它不接受现场现金支付，只接受在线 app 下单，也就是说如果去买咖啡，必须下载它的 app。可以这样理解，它在终端用户的接触上，第一是把物理空间拉得更近，第二是把空间距离从物理空间延伸到了虚拟空间。顾客下楼就能买一杯咖啡，不需要跑得很远到星巴克去，而当物理空间变近的时候，又在虚拟空间把顾客锁定，一旦变成线上下单，大家养成线上支付的习惯后，不需要排队点单，会大大提高效率。同时，从手机上可以看到什么时间可以取单，这给忙碌的上班族提供了一个小小的确定性。这些年通过移动互联网的发展，大家已经养成了移动支付的习惯，比如美团、饿了么这些外卖平台，本身基础设施非常好，所以可以利用这些基础设施去接触更多的用户。瑞幸咖啡也是如此，在物理空间上比星巴克离用户更近了一步，在虚拟空间更是从一开始就完全在线上下单，快递自取，线上跟线下融合的效率非常高。开一家星巴克烘焙工坊那样的第三空间，装修需要投入重金，很难迅速收回成本，也就是说，把重金投入在物理空间的话，资金的使用效率非常低，回报也非常低。这样一家烘焙工坊的投入，如果采用瑞幸咖啡这样的模式——投资一个操作台、一套设备，可以开十几家店，所以从资金使用效率上看，两者有很大区别。

再来看第二个方面——产品。瑞幸咖啡的咖啡类产品只有几种，但是它的价格却比星巴克便宜约 30%，并且新用户注册会享受到一杯免费咖啡，对白领们来说，如果是一天喝一杯咖啡，把咖啡变成一个高频的消费饮品的话，就不得不考虑价格了，如果品质没有太大的差别，大家一定会选择低价的产品。另外，瑞幸咖啡已经开始推出轻食，像三明治、鸡肉卷、小蛋糕等，而星巴克里面的轻食价格比较高，利润也比较高。这其实就是用低价的产品来和星巴克竞争。这种方式在通常情况下都是有效的，因为在商业的世界里，低价总是会有竞争力。

第三个方面——人格化。星巴克是以自己的创始人为人格化的目标，宣扬创业的梦想。瑞幸咖啡在人格化上的定位也非常精准。首先，它提供的咖啡是由三位获得过世界咖啡师大赛的冠军经过多次试验调制而成的，这三个人来自三个不同的国家，由他们作为代言人。这个定位很准确，就是告诉大家，咖啡豆大家都能买得到，就看谁能调制出不同的口味。那么谁能调制出来？是获得过世界咖啡师大赛的冠军。瑞幸咖啡通过这样的方式告诉大家，自己的咖啡品质并不低于星巴克咖啡，甚至可能比星巴克更高。把专业度提高了之后，无形之中是把大家对瑞幸咖啡的信任建立起来了，大家会觉得这是正宗的咖啡，正宗的工艺。

之所以需要这样做，其背后有一个逻辑：过去大家对于获取到的信息信任度非常高，因为传统的各种媒体，包括报纸、杂志或者电视，都会有一个"把门人"，媒体发出的任何信息都有人把关。"把门人"认为这个信息是对的，才会传播出去。并且过去获取信息的渠道相对单一，但是现在这个自媒体时代，大家根本分辨不出哪一个信息是对的，或者哪个信息是对自己有用的，所以这个时候权威就显得特别重要。

建立信任有三种方式：第一个是通过熟人或者朋友介绍；第二个是通过价格获取信任，当没有熟人介绍这个东西是好是坏的时候，价格更高的就是好的，奢侈品品牌利用的就是这样的逻辑；第三个就是权威的推荐，权威就是专家或者是意见领袖。这就回归到了前面提到的 IP 的概念，瑞幸咖啡用这些获奖的咖啡大师树立品牌的权威，告诉大家：我才是正宗的，你就应该喝我的咖啡。再加上前面的服务、产品的价格，自然就贴近了目标顾客。所以瑞幸咖啡形成了一套体系：一开始推出的时候，把咖啡和专家绑定在一起，然后请明星代言，再大量地铺设广告，这是快速建立信任的一种方法。

但瑞幸咖啡是一个互联网新物种，它所有的经营方式都用了互联网思维。在互联网时代，最前端的人群都活跃在互联网上，他们会主动分享信息。所以，咖啡专家加上明星，再加上互联网传播，这样的三重"人格"，让瑞幸咖啡出现了爆发式的增长，如果从多元内容里空间、产品和人格化三个维度来分析的话，它已经在每个维度上都超越了星巴克，所以才会在短时间内快速发展。

第三步是跨界连接。前面已经提到，星巴克在跨界连接上已经做了很多尝试，但瑞幸咖啡目前属于刚刚创业的阶段，肯定还有很多尝试是目前看不到的，或者正在策划中。但是可以从它跨界互联网这件事情上看出一些细节。从诞生起，瑞幸咖啡就用互联网来做营销，利用了熟人之间的社交裂变。比如新用户可以享受首杯免费，用户结完账后还会得到一张优惠券,把这个券分享给朋友，他的朋友消费的时候就会享受打折优惠，同时他自己下一次消费时也享受打折。实际上瑞幸是把更多的广告费用和营销费用返还给了用户，增加了用户对它的黏性，对于一个用户来说，如果一个月喝了五次咖啡，下个月还会再喝。这也就是在初期用这种连接方式和互联网营销手段，利用用户朋友、熟人、同事等社交关系进行营销。这种方式起到了一种病毒式的传播作用。在这个方面，星巴克已经明显跟不上它的脚步了。

以上是从打造 IP 的"三步走"开始，结合当下两个典型的案例，把传统经营方法和在互联网时代下的经营方法做一个对比，为大家做一些分析。

第三章 dop 设计公司 IP 运营实战

dop 设计公司近两年来一直在学习互联网思维，也一直在把学习到的知识应用到实际工作中，并根据工作内容总结出了一些经验，主要有八个方面：第一是出书，第二是运营微信公众号，第三是举办"跨年趴"，第四是开展城市巡讲，第五是职业教育，第六是做直播，第七是知识服务，第八是组织社群。我们会从这八个方面来总结 dop 在打造 IP 过程中的实战经验，同时介绍一些在经营管理中用到的工具和方法。我们在打造 IP 的过程中，通过学习一步步实践，按照新的思维方式思考，按照打造 IP 方法论的三步走执行，当然这个过程中有一些成功的地方，但更多的可能是失败的教训，希望这些经验对大家会有一些帮助。

第一节　背景分析

一、dop 设计公司的背景

dop 设计的前身是一家室内深化设计公司。原来我们的客户都在同一个圈子里，都是一些高端的设计公司或是业主。公司很封闭，几乎没有圈外人知道。我们为用户提供设计分包服务，所以很难抛头露面，导致我们比一般的设计公司更加封闭。

二、设计行业背景

2015 年，中国的房地产市场经历了一个低谷，导致大量的建筑公司、设计院裁员。在建筑设计行业蓬勃发展的这些年中，第一次遇到这样的低谷期。规模型设计院裁员，一些从业人员回到自己的家乡，或者转行。对室内设计行业来说，影响没有建筑行业那么大，因为相对来说，室内设计公司比较小，但是我们也看到了周围的人或是公司受到了影响，这触发了我们的思考。

三、我们的思考

第一个思考：原来室内设计这个行业发展很好，但如果到了行业走下坡路的时候，该怎么办？第二个思考：我们的问题在哪里？设计公司的问题在哪里？是不是规模越大，人均产值就能越高？或者是创造的利润就越高？我们要走的方向是不是做大规模？

2016 年，中国移动互联网的发展如火如荼，人们的吃穿住行多多少少都会被互联网悄悄改变。所以通过不断地观察和学习，我们意识到，能不能把原来传统行业的形态嫁接到互联网技术或者基础设施上，做一些尝试？

然后通过学习和探索，我们总结出前面分享过的一些互联网世界观的变化，并做出尝试。接下来两年的行动，为我们带来了更多启发和对未来的想象。

四、我们的变化

通过近两年的尝试，我们的公司发生了很大的变化。虽然抽出了部分力量经营其他业务，但是并没有因为此导致原有的设计业务量下降，反而有所增长。部分原因是我们的品牌 IP 成熟之后，反过来会促进原有业务的增长。另外，公司的合伙人也能够分担设计业务上的工作。所以在这个问题上，有合伙人的公司和没有合伙人的公司需要分开来看，在这里暂时只分享我们当时的情况。

我们的变化首先是源于我们之前一直在为设计公司服务，积累了很多优秀的项目，所以接下来去做了线上分享、出书等事情。

在这个互联网时代，设计公司未来的挑战就在眼前，本书前面的内容也提到，IP 化生存是不得不做的事情。最初我们还没有这种感受，但现在这感觉越来越强烈。通过精心的运营，我们把原来的专业变成一个 IP，这也是给大家做了一个示范，我们这样处在细分领域的公司都能实现 IP 化，其他人为什么不可以？

另外，一旦实现了 IP 化之后，IP 会为企业带来更多的可能性。就像有了"1"的时候，后面可以再加无数个"0"，创造出无数的可能性。

在经营 IP 的过程中，我们做的事情有很多，这些事情背后都有具体的操作方式。未来每个想要在垂直领域发展的公司，可能都不得不做类似的事情，或者都要经历类似的过程。接下来结合前面提到的互联网世界观、思考方式的变化和 IP 方法论三步走来探讨我们做过的这些尝试。

第二节 出书

一、为什么要出书

在 2016 年初，我们觉得不管是做前端设计也好，还是后端深化设计也好，在这个市场上生存，大公司有大公司的品牌，小公司有小公司的品牌，专业公司有专业的品牌，所以打造品牌这件事势在必行。对做后端深化设计的公司来说，没办法宣传项目，所以不适合用传统的方式来做推广。于是我们想，可不可以将我们了解的这些知识变成一本书？后来我们出版了《室内设计节点手册》。这本书推出后，市场反应非常强烈，销量也特别好，创造了这个细分领域中工具书的销售记录。

2016 年的图书市场并不景气，各种电子书和盗版材料冲击了纸质书市场，但是我们这本书推出之后，设计行业里面出现了很多类似的书，使这一类型的书的出版达到了一个小高潮，这本书也为我们的公

司品牌带来了巨大的附加值——有更多人知道了 dop 这个品牌。通过这本书，我们获得了第一批粉丝。

为什么当时一定要出书？第一是看到了设计行业中庞大的用户群体。但是庞大的用户群体背后，大家对于节点图纸的认识不够，图纸的标准也很混乱，每家公司都有自己的出图标准和工作习惯，这背后其实是很大的资源浪费。所以当时我们把公司多年来通过实践经验积累出的项目里面的节点拿出来，做好分类整理，形成一本工具书。

从另外一个维度来看，出书对于设计师，或者对于中国人来说，是一种情怀。只有通过著书立说，才能提高自己在这个行业的认可度。对于 dop 这种类型的深化设计公司来说，如何超越前端的创意性设计师或者设计公司，一个重要的方法就是写书、出书，这是非常直接、有效的方式。

二、出书变成了持续的动作

我们的第一本书三个月销售了约五万册，五万册就代表着五万个粉丝，这五万个粉丝当中又有一些潜在的客户，比如设计公司的老板等。当然这并不一定能带来业务，但是至少开始有人知道我们，认可我们，这是后面去做其他事情的起步点。

在专业领域里面出书是建立公司品牌、提高行业知名度的一种途径，并且是一种非常值得尝试的途径。现在我们已经把出书这件事变成了一个日常工作，在第一本书出版之后，我们还陆续推出了《酒店固定家具》《BIM制图——酒店样板房》等一系列书籍，今后我们会陆续出版以施工图标准、施工图实战教程、设计项目管理流程等为主题的书，并且会将出书这件事一直持续下去。

三、我们的成功与不足

出书这件事情是成功的，但在运作过程中也有不足的地方，比如我们在三个月内销售了很多书，但是我们的粉丝数量并没有快速增长。最主要的原因是我们一开始没有把出书和用户连接联系在一起，当时只想到了一个方面，即出版这本书是塑造品牌的一种方式，但其实是浪费了资源，粉丝只是买了一本书，并没有和我们产生更多连接。这是当时最大的失误，如果现在重新做这件事，效果一定会更好。

出书也可以有其他的方式。比如 2017 年我们创办了"设计内参"视频直播节目，探索出书的另外一种方式。我们首先做了直播节目，积累粉丝，获得粉丝的认可，再把这些直播的内容制作成一本书。这实际上是提前在做书的销售，而且也和用户建立了连接，粉丝也会更忠诚，使出书的价值达到了最大化。

深度解读我们在出书这件事上的不足之处，是我们没有用好销售与连接的"组合拳"，没有"带节奏"地去推动出书这件事，这个错误本质上是因为没有理解透从事物性到关系性的转变。当时我们的注意力只是放在书本身上，但实际上，书本身只是一个入口，最终的目的是要把人留在我们这里，我们要和买书的人形成一种关系，这才是核心。但是我们当时没有想到这一点，虽然大家买了书，但我们并不知道读者是谁，这些人也没有和我们产生关联，我们没有趁热打铁地跟这些买了书的用户建立连接，浪费了第一批流量。当时我们的认知还没有达到一定的深度，即前面提到的三个世界观的转变中，事物和关系两者我们看重的是事物本身，没有把它上升到关系上。从机械论到生物论中，我们没有把这个产品看成是一个入口，没有建立起社群。如果从打造 IP 的三步走来分析，我们做对了第一件事——预设定义，找到了一个细分的知识，这个知识能够提供给一群人参考。我们提供节点这个工具，让他们不用自己去工地就可以直观地知道这个节点是什么样子，知道什么样的节点是对的，同时也强化了我们在粉丝心中的印象——做深化设计的专业公司。

四、出书中的取舍

我们通过书来建立专业品牌、专业高度，第一步的预设定义已经完成。但是在实际操作中，要制作一本书，需要抽调公司的精英员工来完成，也就是需要投入。这中间要有一个平衡，如果抽调主要的合伙人来做这本书，相应的，这个合伙人消化的项目就会变少。这个时候就要有取舍，是要抓住短期的项目，多为公司创造产值和效益，还是要为公司打造品牌、创造未来。

在管理层，大家要达成一个共识，如果在这个问题上没有取舍，或者眼光和格局不能放长远，即使安排员工去做，也不会成功。如果有了决策，就一定要有投入。当时的我们其实并没有百分之百地投入，这也是每一个设计公司都会面临的问题，但是我们投入了公司的核心人员去做这件事，其他员工也投入了时间和精力。参与其中的员工不懂专业可以培训、引导，但是如果没有一个核心的人来完成，事情就会永远停留在口头上。

第三节 微信公众号

一、对微信公众号的理解

我们做的第二件事情是运营微信公众号。微信在设计行业被大量应用是在 2014—2015 年。目前来看，微信公众号已经成为每一个设计公司的标配，大部分设计公司都会有一个自己的公众号，甚至很多个人也会有自己的自媒体公众号。大家已经意识到公众号是一个公司或者个人展示的窗口、宣传的窗口，就像当年的网站。但是公众号比网页更方便，可以随时随地看到信息、传播信息。现在，大部分设计公司的微信公众号都是一个媒体产品，主要的功能是宣传展示。

但是从我们开始做书之后，对微信公众号的理解发生了变化。全国无数家设计公司都有公众号，但是这些公众号的内容有多少人去看？绝大多数设计公司公众号的内容几乎都跟自己的网站是一样的，无外乎是公司做了什么项目、哪些项目获了奖、公司最近有什么动态……也就是说，大家还是把公众号当成一个展示公司的媒体窗口。但是微信公众号其实也可以具备其他属性，接下来的内容里，我们会结合 dop 的具体实例来做一个分析。

二、为什么要做微信公众号

我们在书出版之前也曾有计划要运营公众号，但是因为人员不足没能实行，所以是在书出版了之后才有的公众号。这也就是前面提到的第一批买书的人没有转化成粉丝的一个原因。为什么要先做公众号？公众号是信息对外传输的一个渠道。虽然有的公司有网站可以代替宣传功能，但是网站和公众号有一些区别——网站的承载量更大，可以让别人能更加清晰地了解一个公司，但是网站浏览起来没有公众号便捷，只有当大家需要更深入地了解一个公司的时候，才会去看网站。相比之下，公众号在移动互联网时代显得更实用、快捷，可以让设计公司的信息点对点地传播。所以对设计公司来说，不用在意公众号内容看的人多还是少，需要在意的是当别人要了解这个公司的时候，可以有资料马上推送给他。现在大家使用得最多、最频繁的工具就是微信。如果把网站推送出去，会涉及到对方浏览器打开是否方便的问题，因为有时候手机端不能适应用 PC 端做出的网站，会造成内容排版混乱、打开速度慢等问题，体验效果很差。但是微信公众号很容易做到点对点的快速发送，比如当其他人想了解公司的时候，可以把公众号的内容直接发送给这些潜在的客户。当完成了新项目的时候，也可以把这些信息直接发送给一些以前的客户或者是未来的客户。经过我们的多次验证，这种点对点的传播效果非常好。所以微信公众号跟网站是互补的，并且公众号是一个引流的工具，它可以为网站引流。当大家通过公众号对一个公司有了一定了解的时候，如果想了解得更深入，就一定会去访问网站，这个时候对这个公司的了解就更深刻了。另外一方面，微信公众号也可以使设计公司的招聘更方便。现在的年轻人习惯用手机解决问题，如果有了公众号这样的工具，应聘的人可以先去了解公司的动态。公众号相当于一个微网站，但是它传达信息比网站更便捷、更快速，更能方便大家去了解。但缺点是它是信息流的形式，因为它的信息是不断地被前面的信息覆盖掉的，要想找之前发过的信息比较困难，所以就需要把很多信息一次同步到网站上去，这时候网站就变成了所有信息的承载体。

因为我们先出版了书，然后才组建的运营公众号的团队，所以在时间上有一点儿延后。我们没有一开始就下决心投入，结果导致我们走了一段弯路。

三、微信公众号可以兼具媒体和产品的属性

微信公众号是公司多方位的宣传工具，前面是从公司展示还有和网站结合的角度来分析它的，如果转变一下视角，公众号还有另外一个维度。

对一家企业来说，两个核心的能力是生产和销售。第一个是造产品，或者是提供一项服务；第二个是怎么把产品卖出去。过去，所有产品都是由生产部门负责，它的核心价值是满足产品的需求。销售部门或者市场部门主要负责传播。所以公司通常会把公众号列为市场部门的职责，它的目的是让公司的宣传更广，展示更丰富。但是在当下，一切皆产品，一切皆媒体。

一个媒体同时兼具产品的功能，这是互联网时代为了生存必须采用的模式。原来生产部门和市场部门是割裂的，生产部门只做产品，市场部门只把产品拿出来陈列，这样很难适应互联网这个时代。这里举一个简单的例子，有一款白酒叫"江小白"，它为什么突然受到大家的喜欢？因为酒的包装上有很多网络用语，这些网络用语符合当下年轻人，尤其是学生群体的情感需求。它用柔软的语言打动用户，相当于产品本身就像媒体一样，可以自己传播。那媒体能不能变成产品呢？现在有很多情感类的自媒体，为广大白领提供了一个情感发泄或者获得情感认同的渠道，所以有很多人关注。这些自媒体把粉丝的注意力转手卖给广告商（它的文章就是产品，而不仅仅是媒体），因为传统的媒体不具备类似产品的可以收费的属性。

所以 dop 运营微信公众号也是如此。dop 的公众号目前有十万粉丝，而且每篇推文的阅读量都很高，如果总结一下，是我们把公众号变成了产品。公众号里面的文章是一些"干货"知识，具备让年轻设计师学习的功能。我们的公众号和其他公司的公众号定位不同，因为如果公众号只是用来传达公司信息，那别人为什么要关注呢？除非互相之间有业务往来。所以我们在本质上看待公众号的视角不一样，定位就会完全不一样。上升到另外一个维度，作为一般的公司，公众号要成为公司品牌或者 IP 的辅助性工具，或者是一个宣传手段、一种渠道。但是我们把它上升到另外一个维度——媒体属性内含产品属性，两种功能兼具。这是在一开始没有想过的，如果想过，可能相关的内容定位会更不一样，投入会更多。但是当我们没有看到公众号的回报，或者是粉丝的影响的时候，确实不敢过多投入，而且更不知道一个设计公司的公众号是否能有足够的影响力。因为有了一篇篇内容，积累了一定量的粉丝，获得了一部分流量之后我们才意识到这些流量值得去变现，才敢于去投入，这是一个前提。

四、我们的成功与不足

如果要总结一下 dop 的微信公众号运营，做得对的事就是坚持每天更新内容。就像菜市场里的水果商，如果一年中每一天都开业，这就是稳定

dop 设计公众号数据（截至 2018 年 12 月）

公众号推送文章数量：1000 余篇

原创"干货"文章数量：800 余篇

相关知识点配图数量：10 000 余幅

原创文章总字数：200 万字以上

文章总阅读量：1000 万次以上

累计粉丝数：120 000 余人

关注者中设计师比例：98%

原创文章平均阅读量：8000 次 / 篇

原创文章平均单篇收藏量：300 余次

公众号后台专业关键词平均回复量：300 条 / 天

性极高的事，会让顾客对它逐渐产生依赖。这是时间的积累，是在不确定的时代下提供了一个确定性的价值。我们做得不好地方有两点：第一是在内容方面投入还不够；第二是把微信公众号当成产品的这种理解不够及时，没有在最短的时间内激发它的产品化属性。

五、对设计公司微信公众号的建议

如果在微信公众号这件事上给大家一些建议，就是公众号一定要做，并且一定要有专人负责，投入也一定要有保证。另外，到底怎样定位公众号，如果只是作为公司的宣传窗口，就不需要每天更新，更不需要太多内容，但是每天都有新内容会更好，如果没有，公众号就会被其他信息淹没。所以作为一般公司，做到"有"即可。如果定位成产品化的公众号，内容更新的频率就要高，投入也要高。内容需要明确的定位，这个内容到底要给什么样的用户提供持续性的需求，目前很难从某一个方面确定，因为公司公众号的发展一定是以整个公司为基础的，比如 dop 设计公司也是基于现在这样平台化的背景，才能定义它的公众号。所以公众号是与整个公司的系统发展有关联的，就像前面提到的星巴克咖啡、瑞幸咖啡，都是基于它们整体定位的基础上再去做其他事情的。

如果联系互联网的世界观和打造 IP 方法论这两个概念，对微信公众号来说，最应该从互联网世界观里借鉴的是两个概念：一个是连接。因为既然是一个公众号，它的主要作用就是连接用户或者粉丝，利用推送机制加上粉丝的订阅就可以建立公司和粉丝之间的关系。第二个是社群。公众号现在承载社群的能力还不够，还需要单独运营社群，就公众号本身来说，它只是一对多的单点连接方式。对于打造 IP 方法论来说，微信公众号承载的是内容，所以未来可以有更多元的内容加入。比如 dop 公众号里面会加入一些媒体活动、城市巡讲等活动信息，这样就会和用户发生连接。

第四节　"跨年趴"

一、"跨年趴"的缘起和过程

我们从 2016 年 12 月 31 日开始做了第一次"跨年趴"活动。这个想法来自于"罗辑思维"的主讲人罗振宇。因为罗振宇从 2015 年开始做了第一届跨年演讲，之后也有其他人开始做这样的演讲，比如财经作家吴晓波、场景实验室创始人吴声，大家都开始意识到这样的跨年大会很重要。因为在每个人的头脑里都会有一个固定的思维，到了年终需要总结一下，这一年里，原来制定的计划完成了没有？未来的一年还有哪些展望？需要有一个具象化的总结和回顾的载体。罗振宇做的跨年演讲是站在互联网行业的角度，把行业里这一年发生的重要事情做一个总结，预期未来一年中的行业变化，同时提出几个议题和大家分享。

这带给我们的启发是，设计行业里也发生了很多事情，行业里的一些创新、设计师新的探索，这些也需要总结，也可以跟大家分享。 所以基于这些想法，我们举办了"跨年趴"这个活动。第一届"跨年趴"大概只有十天的准备时间，萌生了这个想法后，我们首先在一个微信群里讨论，是不是可以模仿罗振宇也做一个跨年活动，很快便得到了大家的支持，当时也有很多不是我们团队的粉丝在支持。随后确定主题、找场地、请嘉宾……十天的时间内，我们组织了第一次"跨年趴"活动，活动推出后，受到了很多设计师的欢迎。

二、"跨年趴"的三个功能

对于"跨年趴"这样的活动，每位设计师都很需要，我们只是顺势而为，为大家提供了一个场所，提供了一个机会。对普通设计师来说，通常每天忙的都是自己眼前的工作，这个世界到底发生了什么？别人在尝试什么？行业里有什么新的现象？其他行业里发生的事对我们有什么影响？每个人对这些问题都会有疑问。所以"跨年趴"活动是顺势而为。

设计师日常的工作比较辛苦，加班很多，跨界学习的机会比较少，平时可能更关注的是专业类的知识或者是技能，其他行业新的趋势可能会注意不到。设计师获取信息的层面也比较窄，因为自身对专业的聚焦，会排斥很多信息，虽然有很多人在倡导设计要跨界，但是大部分人的思维还是固化的。贴上专业的标签会使设计师的注意力集中在专业的领域，做专业类工作的人大都如此，比如医生、律师、会计师，关注于专业本身并没有错，每个人都要不停地提高自己的专业能力，但是现在这个时代和环境发生了变化，大家经常提到创新，如果还是只关注自己本行业，还是只关注原来做的这些事情，会有多少创新？现在的很多创新方式其实都是跨界，都是利用了其他行业已经用过的模式，复制到自己的行业里，或者是把其他行业的新元素和自己的行业结合。所以最容易产生创新的地方是不同行业之间相互交接的边界，这样的地方往往会出现一些新元素、新组合和新模式，这样就是创新。

近年来出现的一些互联网创新案例其实都是这样产生的，这里不再一一列举。

除了互联网领域的案例之外，一些产品也是各种元素的组合。比如苹果手机，它的触摸屏技术和其他硬件，很多都来自于其他人已有的发明，但是苹果手机预见到了未来手机的趋势是互联网化，所以一个手机不仅要能打电话，还要能满足其他功能，如听音乐、上网等。

苹果手机把这些新的元素组合在一起，创造了一个大家觉得伟大的创新产品。各行各业都是一样，包括前面提到的瑞幸咖啡，也并没有完全颠覆式的创新，只是把不同的"点"拿来组合在一起，形成很多个微小的创新，就变成了一个与众不同的新物种。

"跨年趴"这个活动总结起来满足了三个需求：第一是满足了每个设计行业从业人员的底层需求——对行业的总结和展望；第二是大家更需要看到不同的人或者在不同细分领域里面的领导者，看到他们眼中的世界和自己眼中的行业变化，通过他们可以接触到更多未来的趋势；第三是满足了大家的社交需求，这也是人的底层需求。来参加这个活动，首先可以加入到微信群，在微信群里面可以结交到很多同行，有些人可能本来就在同一座城市，但是原来没有机会遇到，这样一个社交场景帮助大家筛选出了一批有共同爱好的人，同时还降低了社交成本。另外大家还可以通过这个活动做"连接"，假如自己有好的想法，可以在这里与其他设计师交流，也可能会找到合作伙伴。

"跨年趴"是一个从线上到线下的活动，前期大家的联络更多是在线上，通过"跨年趴"，大家在线下有了一个面对面交流的机会，同时也为设计师创造了一个桥梁。所以这个活动我们会一直办下去，让它更有影响力，成为未来设计行业里的一个 IP。

三、我们的成功与不足

"跨年趴"在互联网世界观里主要有两个功能：一个是连接，一个是社群。如果是从打造 IP 方法论"三步走"来看，"跨年趴"具备全部三个步骤。第一、预设定义："跨年趴"相当于带领年轻一代的室内设计行业从业者一起做一个年度总结。第二、多元内容：我们的"跨年趴"请了不同细分领域里面的嘉宾，比罗振宇的跨年演讲内容更多元，因为罗振宇的跨年演讲是独角戏，而我们的"跨年趴"更像是群口相声。未来，"跨年趴"的主题性会更强。第三，跨界连接：未来我们邀请的演讲嘉宾不会局限于设计师，也有可能不是设计行业的人，但是他要对设计这个行业有自己的看法和理解，或者他做的事情和设计行业有关联，会给我们带来更多的启发。未来我们的"跨年趴"会按照这些方法论演变。

如果说还有哪些做得不够，就是我们还没有结合好"跨年趴"的招商和产业链资源，对这种活动的运营还没有足够的经验。因为我们的团队不是专业的活动策划公司，所以在整体运营上，相对于专业的团队会有很多短板，还不够成熟。当然，"跨年趴"还涉及到经济投入跟产出，所以还要根据最终效果来调整运营方式。

第五节 城市巡讲

一、为什么要做城市巡讲

城市巡讲跟"跨年趴"有些类似，主要的目的都是达到线上到线下的融合。但是"跨年趴"一年只有一次，不可能再多，所以我们想到了城市巡讲，这样的活动可以在一年中多次举行。另外从室内设计的发展来看，真正前沿的信息、知识和案例都集中在一线城市：北京、上海、广州和深圳。

虽然互联网已经让大家平等地获取信息，但是通过看到的图片和案例资料自己揣摩，跟真正面对面理解设计师的思路仍有不同。更重要的是，听线上课程的体验感是无法与在线下面对面交流相比的，所以相比于其他各省会城市和下面的三、四线城市， 一线城市具备先天的区域优势。一线城市集中了最新的行业知识，很多优秀的实践案例都在这里发生，其他省会城市和三、四线城市需要取长补短。本书前面提到，中国室内设计行业发展最早的城市是深圳，深圳模仿了香港相关的设计模式和一整套流程，随后国内其他城市效仿了深圳，这是一个逐步传递的过程。

我们做城市巡讲有两个出发点：

一是新的知识，或者是其他人走在前面积累下来的经验，对一线以下城市的设计师有借鉴和学习的价值。如果没有价值，城市巡讲这种活动也不会有人参与。我们的城市巡讲借鉴了其他行业的经验，是设计行业里的一个微创新。我们也是第一个是利用这样的活动收费的组织。从前行业里类似的活动一般是采用设计师免费、材料商付费的模式，这也说明了我们本身输送的知识是有价值的，否则不会有人付费。第二个出发点是我们认为线上交流不可能取代所有的沟通和学习方式，大家一定还需要面对面地交流。因为对学习来说，如果一直在线上听讲， 注意力随时会被打断，很多人没办法在同一段时间内把注意力都集中在一个地方。而我们的城市巡讲是每站用一天时间和大家交流，原定的时长是八个小时，但通常都会超时。因为面对面之后，大家的注意力高度集中，而且交流的欲望也更强，这也说明了城市巡讲和"跨年趴"的属性是一样的，都具有社交的功能。来参与活动的设计师，互相之间在自己的城市也许并不认识，但通过这个活动，他们之间可能产生连接，产生合作。这个过程中最重要的是信任的建立，如果只停留在线上交流，很难做到建立信任。如果通过线上活动让大家互相有初步的了解，再加上线下面对面地交流和深入沟通，就有可能产生协作。在大部分领域，信任的最终标志就是要产生合作，所以我们意识到，信任的建立只靠线上分享是不够的，还需要结合线下的活动。另外对我们自己的一个好处是，如果我们的触角能够伸入到每个城市，未来我们的商业价值会更大，这跟我们的 IP 打造也是相辅相成的。

二、城市巡讲的模式与逻辑

如果把城市巡讲和互联网世界观相联系，最主要的还是连接和社群。按照打造 IP"三步走"的方法，更重要的是连接，而这个连接未来为我们带来的商业价值一定会超出预期。我们邀请的主讲老师的定位是会分享而且愿意分享的人，也是我们认为在某一方面有优势的老师。让他们讲一些注重实用性，且值得大家参照或学习的内容，并能打磨出方法论，对设计师产生帮助。另外一个要点是连接。连接需要具备一定的基础，就像一对真正的好朋友，首先他们要价值观相同，第二要有共同的兴趣爱好，第三要能一起产生经济利益。所以我们通过"跨年趴"和城市巡讲这两件事，去连接一批和我们的价值观相同的人，然后再去展开更多的合作。从线上大家互相认识，到线下大家互相认可，再到交流之后大家未来的合作，这是城市巡讲和"跨年趴"很重要的逻辑。收费模式是我们的城市巡讲和别的活动的区别。为什么我们一开始就选择了收费的方式？因为收费能带来以下两个好处：

第一是筛选了用户。因为如果是免费的分享，参与的人比较多，鱼龙混杂，每个人都带着不同的目的。比如经常会看到在一些大型活动中，活动刚刚过半，人就已经走了很多。所以我们用收费的方式做了筛选。因为大家付了费，就会有所期待，对大家来说，既有时间成本，也有经济成本，如果内容没有足够的吸引力，是不会有人参与的。第二是这样做对我们自己也有了要求。我们讲的内容一定要有价值，没有价值的内容不能获得认同，自己的口碑也会变差。目前行业里一些公开的分享活动，有些老师可以在几年之内一直用同样一个 PPT 授课，而我们的内容更新迭代比较快，讲得更多的是方法论，能够真正帮助设计师，同时我们还会有更多互动。城市巡讲具体的收费金额会根据不同的城市略有差异，约在400~500 元之间。这主要是为了平衡成本，成本主要包括老师的差旅费、场地费等基本的费用。我们的城市巡讲是靠内容取胜，所以不需要考虑广告赞助，一旦加入了广告商，他们的植入内容会占用大家的时间，我们更希望大家能买到物有所值的内容。

三、怎样选择城市

城市巡讲怎样选择目的地？ 主要基于以下两点：

第一，选择的这个城市要有群众基础。前期我们会通过社群做一些调研，调查这个城市里我们的粉丝是不是够多，是不是适合组织线下活动。如果人特别少，会影响活动的现场氛围。第二，要有当地人的邀请。这个人要在当地比较有影响力。在每个城市都有设计类的协会组织、设计师俱乐部等，还有一些设计公司经营者也比较喜欢这样的活动。如果当地之前组织过设计师社群，与我们互相结合搞城市巡讲活动，会更容易成功。我们的城市巡讲活动，每次参与的人数会在五六十人以上，多则会达到 100 多人，活动之前并没有大范围推广和宣传，只在我们内部的公众号上发布通知。通过走出去做城市巡讲，我们发现不同的城市存在很大差异。比如在上海、深圳、北京这些一线城市，活动比较多，设计师之间的交流也比较多，大家获取信息的渠道也非常多，设计师的时间有限，参加哪一个活动需要选择。但是在非一线城市，相对来说高质量的分享活动比较少，并且和一线城市相比还有一些信息差，所以在非一线城市，城市巡讲活动更受大家欢迎。未来，我们希望还能走入更多的城市，与设计师面对面交流，让更场景化的线下交流弥补线上交流的不足。

四、我们的不足

目前，城市巡讲活动的不足主要体现在超用户体验方面做得还不够。大家付了费用来参加我们的活动，达到的效果只是满意，但是并没有达到非常满意，或者说特别满意的是部分人，不是所有人。所以后续再策划此类活动的时候，会在内容上继续加强。如果大家付的费用是 599 元，他获得的可能是价值 5999 元的收获，在这个活动上得到的是超用户体验。我们的活动也要从"叫好"转变到"叫座"，这是接下来我们要努力的目标。

第六节 职业教育

一、做职业教育的缘起

我们在运营微信公众号之后，每天在公众号上分享知识，这期间经常会收到后台粉丝们的反馈，询问我们有没有针对性的培训，能不能组织老师来做一些讲解。基于这个情况我们意识到，如果只写文章，对大家来说还会有很多专业上的知识了解不到，因为文章是不成体系的，只是一些碎片化的知识，很难形成一个系统。 一件工作从头到尾的流程里，或者是在每个拆分领域的工作里，大家应该注意什么，掌握什么要点，这些知识通过公众号里的文章没办法学习透彻。另外对于很多人来说，自学的难度很大，需要有老师面对面地讲解，然后去刻意练习，最后要有及时的反馈。

推荐书目：《刻意练习》

二、我们对职业教育的理解

职业教育就像去健身房请私人教练一样。如果有人想健身，从网上下载教程也可以学会，但是首先大部分人都有惰性，其次，只是看了某个动作就能做得对吗？到底对不对没有人及时反馈。而职业教练首先可以督促大家及时训练，养成习惯，一个人养成一种习惯需要一个持续不断的过程，之后会形成一种条件反射，如果没人督促，习惯会很难形成。第二，教练可以反馈哪里做得对，哪里做得不对，这样才会让人迅速进步。

我们认为在垂直领域，职业教育还有一个最大的特点：一旦学会了， 马上就可以应用到实际工作中去，学习成果的反馈非常及时。这也是垂直领域和泛知识领域最大的不同。

另外还有一个实际的问题，在工作场景中，有没有师傅教你？目前很多公司的人员流动都很快，并且在设计行业里面，还存在"教会徒弟，饿死师傅"的心理，导致职业教育发展的速度比较慢。另外，现在室内设计公司的规模都比较小，很少有公司自己去把培训的内容课件系统化，专门找时间和人做培训，因为投入成本和产出不成比例，这是我们这个行业面临的现状，也是痛点。

三、职业教育满足了个人和企业的需求

我们认为，设计行业的职业教育，本质上解决了两个问题：一个是个人的成长。个人学习了这些知识可以找工作、增加收入，这是底层需求。第二是解决了企业的用人问题。现在对任何一个设计企业来说，各项成本都在增加，这是不争的事实，而最大的成本一定是人工成本。用人成本越来越高，但如果一个人在某个岗位上不称职，他的效率一定不高，那么企业的成本就在变相增加，这也是现在所有设计企业面临的最大问题。

在设计行业里，很多对人的评价标准还都是感性的——感觉这个人头脑灵活、态度比较好、工作积极，就认为是称职的。但其实他是不是真正适合这个岗位？这个岗位应该具备哪些技能？技能水平到底达到什么水平才算合格？并没有实际的标准。比如在招聘网站里，岗位要求经常写着："熟练使用 CAD"，什么是熟练？画一张图，多长时间画完是熟练？准确率要达到什么程度？很多标准没办法量化，导致对人的评价都是模糊的、感性的。所以未来在设计行业这个细分领域里面，职业教育一定要解决的问题是实战问题，一个人在实际的工作中，缺什么知识就学什么知识，学会了就可以上岗。还有对岗位的评价标准的细化，如果细化了，

给室内设计新人的职业规划图

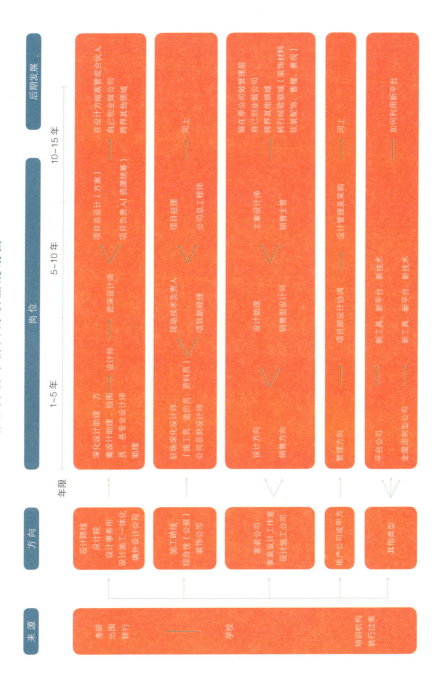

岗位

年限 | 1~5年 | 5~10年 | 10~15年 | **后期发展**

来源

考研 出国 转行 —— 学校 —— 培训机构 转行过来

方向

设计路线 设计院 设计事务所 设计施工一体化公司 境外设计公司

施工路线 综合性（公装） 装饰公司

家装公司 家装设计工作室 设计施工公司

地产公司或甲方

平台公司 全屋定制型公司 其他类型

设计方向：深化设计助理、方案设计助理、绘图员、各专业设计员、助理 —— 设计师 —— 资深设计师 —— 项目总设计（方案）—— 项目负责人（资源统筹）—— 在设计方向做高管或合伙人 自己创业做公司 跨界其他领域

驻场深化设计师（施工员、造价员、资料员）、公司总部设计师 —— 现场技术负责人 —— 项目副经理 —— 项目经理 —— 公司总工程师 —— 同上

设计方向、销售方向 —— 设计助理、销售型设计师 —— 主案设计师 销售主管 —— 留在原公司做管理层 自己创业做公司 跨界其他领域 转行经验领域（装饰材料、软装配饰、售楼、景观）

管理方向 —— 项目部设计协调 —— 设计管理及采购 —— 同上

新工具、新平台、新技术 —— 新工具、新平台、新技术 —— 如何利用新平台

企业对一个人是否适合这个岗位也就清晰了。

现在没有岗位衡量的标准，好像设计都是天马行空的。设计本身没有办法衡量，但是落地的项目应该有一套评价标准和体系。这跟整个行业的宣导有一定的关系，因为前期大家在做专业的宣导的时候，更多强调的是抽象的创意等问题，但这样会忽略很多具象的技术性问题。这也是早期我们要出书的原因，因为看到行业里缺乏标准，缺乏大家可参照的规范，所以我们认为，未来职业教育在设计行业这个垂直领域里会大有前途。因为首先，职业教育有门槛，现在市场上的培训基本上都是入门级别，偏向于软件应用，但设计师真正在工作里需要的知识，都存储在那些"老司机"脑子里，把他们的经验转化出来变成产品，再复制下去，这样，经验就有了价值。第二，设计企业对职业教育的需求会越来越大。因为企业未来的竞争就是效率的竞争、成本的竞争，同样做一件事，有的公司需要两个人用两天时间，有的公司可能一个人一天就可以完成，这个成本的竞争主要就是人的效率上的竞争。人的效率如何提高？一定是通过职业培训，所以职业教育是用户市场的需求催生出的。

未来，我们的职业教育核心是研发课件，因为没有足够多的老师去教学生，所以我们希望通过课件来为这个行业赋能。

四、职业教育对设计公司自身的帮助

前期通过做书、搞活动，我们积累了一些粉丝，他们触动了我们做职业教育。同时，因为我们自身业务的增长，公司的发展需要解决人才的问题，做职业教育其实也是为自己储备人才。通过职业教育及相关的一系列活动，帮自己的设计主业建立一条"护城河"，或者说建立一个竞争的壁垒，这其实也是为了促进我们自己的主业更健康、更良性地发展。有了职业教育，公司的业务还有可能会延伸到猎头领域。设计行业的公司未来都不希望规模太大，受过职业教育的人可以成为机动的项目合作者，组成合作小组，职业教育也就超过了原来做培训这个范畴。因为对设计行业的职业教育来说，在短时间内很难有大的收益和回报，如果学费太高，报名的人数会相应减少，很难形成规模效应。所以职业教育竞争的核心还是在于对未来的投入和对目标主体的定位。

五、课程规划和讲师规划

1. 课程规划

我们之前没有搞职业教育的经验，团队里目前也没有专业的人做教育研发。所以，虽然我们用思维导图把整个室内深化设计行业里设计师需要掌握的细分知识整理成了三大板块和若干个子板块，但还是很难下手，因为我们觉得每个知识点都值得学习。所以在目前的阶段，我们还是只从一个点入手，希望课程能解决大家在工作中遇到的比较难以解决、比较常见和热点的问题。未来我们希望能整理出一个"用户地图"，比如对于一个大四学生来说，他即将走向工作岗位，他应该掌握哪些知识？哪些具体的工作技能可以让他在实习单位或工作单位进入工作状态？对一个助理设计师来说，是不是可以把他需要的知识分成几个级别？比如第一个级别是工作的第一年里必须掌握的知识，是必须要达到的技能要求，以此类推。另外，对设计行业来说，应有的专业平均水平是什么样的，这些都应该有一

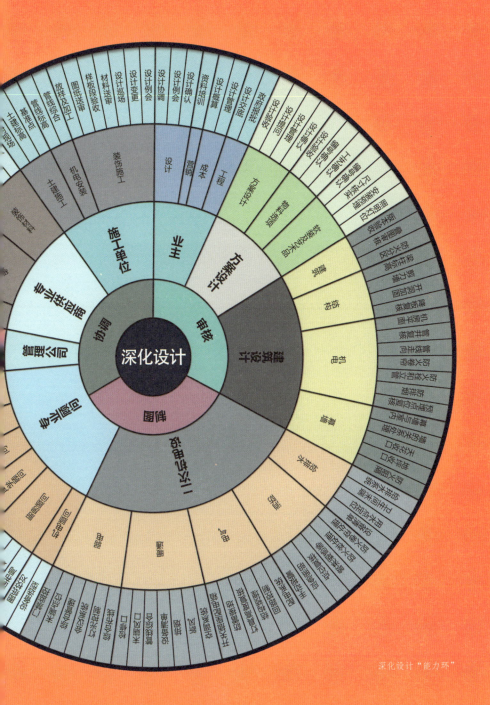

深化设计"能力环"

个参考标准。对设计公司来说，用人没有客观的标准会导致设计师没有努力的方向，所以我们应该把每个岗位掌握的知识细化，分成初级、中级和高级阶段，让每一级别的知识学习都有方法，而且都有前辈们的总结。我们把他们总结出来的知识变成一个个课程产品，就是给用户最好的分享。把这个"用户地图"画好之后，大家就会明白要去哪个目的地，过程中要经历多少个红绿灯、多少个岔路口，应该怎样走完这条路。在室内设计领域里，很少有人细化这些工作场景里必须掌握的职业技能，所以这是我们下一步要努力的方向。

2. 讲师规划

如果课程研发能达到非常精细的程度，实际上对讲师的要求并不需要很高。因为即使是经过多年实战的讲师，也不一定具备很强的总结能力和分析能力来把这些知识讲清楚。所以我们计划，一类讲师未来不需要自己去研发课程，由我们的核心团队来研发课件，再由讲师去做传播和解读。当然讲师一定也要具备本专业的知识，只是他的实战经验不需要太多，但这并不影响他把课程内容传播给更多年轻人。另外一类讲师就是自己有实战经验，又能总结出课程的讲师。这类讲师的出发点一定不是为了收入，因为用同样的时间他可以去做项目获取更多收入。这样的讲师更多是抱有教书育人的情怀，用自己的知识为行业做出贡献。

第七节 直 播

2016 年被称为中国移动互联网直播元年，直播平台、观众数量呈现井喷式发展，2018 年热度有所减退。现在有很多直播平台，比如热度比较高的 "抖音"，直播的形态也多种多样。我们目前直播的形式是请行业里面的老师带大家看项目，或者请材料商做分享，还有老师之间的对谈。这里我们探讨一下直播有什么样的价值。

一、直播的三个价值

直播的第一个价值还是跟 IP 有关，叫真情实感。

从前大家觉得在电视上或者在网站上做直播，一定要认认真真化过妆、准备好灯光、音响这些设备，并且上电视节目有门槛，是极少数人才能做的事，嘉宾一定是行业的大咖、知名人物，或者是经过一定的筛选。但是现在随着移动网络、智能手机和各种平台工具这些基础设施的普及，每一个普通人都有了平等的机会，每个人都可以站在镜头前。并且，现在的直播和传统的电视节目不同，电视节目有导演策划，不一定能畅所欲言，其中会有很多限制，所以并不是真情实感。但是直播不一样，它可以让每一个普通人都有打造 IP 的基础。如果和打造 IP 化连接起来，直播让 IP 的人格化更容易形成。比如大家看到现在的网红，会感觉到他和自己距离很近，不是高高在上的。而从前的明星，虽然受到大家的喜欢，但是与粉丝的距离很远。所以直播最大的价值就是有利于 IP 人格化的养成，通过人的真情实感去打造 IP，通过直播让大家互相交流，拉近人和人之间的距离，哪怕是远隔万里，也能近距离地通过交流感知对方。人和人之间因此有了温度，大家不再只是对着一个冷冰冰的屏幕。

有一种观点认为，对设计 IP 的传播来说，作品不如文章，文章不如语音，语音不如直播，这些方式一个比一个路径短。直播其实就是让个人或者是一个 IP 更加丰满，让人感觉有血有肉。以前大家在屏幕前一定要呈现完美的形象，但直播是把完美的东西拉下来，不刻意去营造完美。

这同时也说明了，没有哪一个 IP 可以吸引所有人，现在在中国已经很难再出现一个全民 IP 了。从前没有互联网的时代，只是传统媒体，出现过很多全民 IP，比如赵本山，很多人知道他，很多人喜欢他。那时候大家的爱好和审美趋向是一致的，因为媒体传播的中心化，IP 只能从一个点推出，时间久了大家就会被影响，只能接受这个 IP。

但现在所有的信息都碎片化了，传播渠道也更多，所以一个人或是一个 IP 不能期望得到所有人的喜欢，直播只是让喜欢的人更加喜欢。这是直播的第一个价值。

直播的第二个价值是提供了一种新零售的方式，这也是直播未来的一个趋势。从前销售产品只在线下，需要有独特的渠道，然后再一步步打造品牌。但现在大家在各种直播平台上都可以看到有人在销售产品。抖音里有一个人叫"老爸卖货"，他有一个自媒体平台——老爸测评，因为他是一个孩子的父亲，他的孩子用到的食品、玩具等产品他都会专门去

检测一下是否安全。大家知道现在有一些不诚信的商家，所以他通过直播的方式告诉大家，这个产品是不是可靠。具体来说，他通过"老爸测

评"这个平台帮助大家筛选产品，用专业的人、专业的方法把这些商品逐一测试、验证，再亲自使用，然后推荐给大家，帮助大家节约时间。因为得到了大家的信任，所以他吸引了大量的粉丝。

现在"老爸测评"这个平台已经有了专业的团队，这个模式一定是未来的趋势。为什么有人说 IP 化生存是未来商业社会的唯一法则，也是这个原因。

直播的第三价值是透明化。因为直播带有真情实感，你是这样的人格，有这样的"人设"，你所有的信息都是透明的，但是在这个时代，人格会产生巨大的价值。

因为信息的泛滥，社会上信任的成本很高，选择多了反而是一种负担。大家需要花大量的时间去筛选产品和服务，如果不是专家，又没有很强的分析能力，也没有很多时间，要真正和某个产品或者服务发生连接，交易成本会很高。信息越多，就越发需要专家，或者是意见领袖，也就是大 IP 或者影响力大的人，由他们帮我们去做背书，去做选择，其实也就是让大家的选择更简单，带来"认知匹配的高效率"，节省普通人的时间成本。

但是未来大家其实还可以有更大的想象力，通过 IP 的连接，很多协作的方式、形态会被重塑，甚至会出现一些全新的组织模式，未来公司组织形式的一些本质可能会被解构。这就是 IP 的价值。

二、我们的不足

总结直播这件事，我们现在对它的价值的认知是以上三点，所以这种形式我们也会坚持下去。对于做得还不够的地方，就是对我们来说，希望有更多的人把直播这个 IP 变成一个矩阵，也希望有更多的人参与进来。

第八节 知识服务

前面提到的六种形式，对我们来说其实是在做一些小尝试、小的迭代。
回到我们前面提到的互联网世界观的变化——从决定论到概率论，人们
的认知在不停地变化，因为各种不确定性，一开始的想法和最终的想法
一定是不一样的，所以我们做直播、城市巡讲、"跨年趴"这些活动，
也一直是在跟着社会环境的变化而变化。

一、知识服务的三个前提

管道排水管漏水 …	问题：管道封堵存隐患	解决：防水上返并分开浇筑
墙角渗漏、潮湿 …	问题：呈现 90 度直角	解决：倒 50 毫米圆角
卫生间入口渗漏 …	问题：门槛石下方无反坎	解决：制作砼挡水反坎
淋浴间的挡水坎 …	问题：空间小，易脱落	解决：根据尺寸植筋浇筑
外幕墙区域漏水 …	问题：室内外地面基层连通了	解决：阻隔水汽，引导排水
地下室防水除湿 …	问题：潮气导致饰面发霉	解决：除湿，保温
防水本质是什么 …	如何把水汽困在这个区域	如何快速排除该区域水汽

知识产品——渗水漏水

我们在 2017 年年底做了一个知识服务项目——"设计得到"。然后在这个基础上又孵化了一个新的项目。知识服务的前提背景有三点：

第一，在移动互联网时代，碎片化的学习已经变成我们每个人的常态，很少有人有整块的时间或者整天的时间去学习，有时间学习已经变成非常奢侈的行为。而且，即使大家有整块的时间去学习、进修，原来学校的那种方式也已经跟不上这个时代了，因为学校教的内容已经远远落后于这个时代的发展。另外，中国的设计教育本身是与市场脱轨的，特别是在实操性或者是实践知识的运用上是欠缺的，设计教育远远落后于市场的进步和需求的增长。所以大家常常说，设计类学生毕业就等于失业，他们非常需要在职化的学习和提升。所以，碎片化的学习是一种常态。当然线上碎片化学习没有线下面对面的学习效果好，但线下学习，大家面对的问题是时间成本和经济成本太高。所以这是线上知识服务能够成功的底层因素。

第二，终身学习是大势所趋。在职学习，甚至跨界学习，一定是每个人终身要面对的事。

因为在学校里学的知识很难一直沿用，任何一个行业都是如此，周围的环境在飞速变化，现在如果还只学自己行业的专业内容，已经跟不上时代的脚步。大部分的创新、跨界打击、行业趋势变化本质都是在融合，如果不了解其他行业的知识，会很难参与未来的竞争。就像前面曾提到的，看不见、看不起、看不懂，最后就会被淘汰。

每一个人都可能成为知识服务的受益者。比如罗振宇创办的"得到"app 里的课程，"薛兆丰的北大经济学课"，还有"刘润·五分钟商学院"，如果不通过他们的 app 学习，很多人可能一辈子都听不到这些顶级老师的一节课。为什么听不到？一是因为他们的线下课价格很高，不是每个人都能负担得起；二是他们的课程时间可能跟大家的时间不匹配。但是现在可以手机订阅这些课程，几百元的价格可以听一年的知识，这实际上是让大家的学习更方便、更简单、更便宜。而且他们讲的知识也是跨界的，比如薛兆丰讲经济学，如果完全讲经济学理论，普通人学起来会非常困难，但是他用通俗的语言和案例，讲解了经济学的一些基本常识。对设计师来说，需要了解一些经济学的基本概念，因为商业社会离不开经济，了解经济学的一些概念之后，重新用这些知识来看待自己的行业，认知会完全不一样，这就是跨界学习的好处。

另外，把价格这个门槛拆掉之后，实际上是让学习这件事变得平等了。

比如从前去读商学院，学费是几十万，并且还有其他的门槛，例如要是企业高管等，这些条件阻挡了一部分人学习。现在有一些新的形式，比如"混沌大学"，即一个互联网创新学习社群，它颠覆了原来传统线下的商学院。现在它的会员大概有 20 万人，比世界上任何一个商学院的规模都大，但这些会员每年只交少部分钱，就可以听到跟商学院一样老师的课程。这种新形式给所有行业都会带来巨大的影响，它能让更多愿意学习的人，更公平、更简单、更便宜地学习跨界知识。

第三，大部分传统行业的学习模式是师傅带徒弟，比如在设计行业，师傅带着新人做项目，碰到了问题由师傅讲解，新人在这个过程中慢慢成长，但这种方式效率比较低，师傅的精力有限，这是先天的制约条件，并且师傅也不一定能了解所有知识。现在互联网解决了这个问题，原来没办法让老师一对多地教更多学生，传统培训班的线下交流效率又很低，所以互联网让具备生产知识能力的老师把他们的产品通过网络分发、放大，学习效率迅速提高了百倍、千倍，甚至万倍。

二、知识服务带来的个人价值和社会价值

帮助有经验的设计师把隐性的知识转化成显性的知识的过程中，也是促进这些设计师的思考和系统地整理知识。国内能做出好设计的设计师很多，但是能把设计方法论讲清楚的却极少，因为讲的机会比较少。我们的"设计得到"就是搭建一个平台，帮助有经验的设计师系统地整理他们的知识，把他们从"熟手"变成高手。因为存储在他们脑子里的知识是隐性知识，只有把他们这些隐性的知识转化成了显性的知识，才可能给更多人借鉴，而设计师自己在这个过程中也会更深度地思考这个问题。

知识服务还可以把这些老师的价值最大化，因为以往的经验只是停留在他们的脑海里，只能被他自己使用，或者仅凭他们有限的精力教给几个徒弟。但是现在，知识服务把他们的经验变成了一个可传播的显性化的知识，这些知识可以传播得更广，还可以二次售卖。就像前面提到的一样，作为一个设计师，不只是通过单一的设计费获取价值，也可以通过自己的经验获取价值。这是一个双赢的模式，对年轻的设计师来说，他们可以更方便、更便宜地获取到这些知识，他们不再只有一个老师，而是可以有各个细分领域的老师。同时这对老师也是有利的，他们不仅能通过做项目获得设计费，还可以把做项目的经验变成产品，如果产品足够好，甚至可以全身心投入地到知识产品的生产研发中，这在我们身边已经有成功的案例。

室内设计行业里最大的浪费就是每个人都要走其他人走过的弯路，这也导致这个行业被诟病非常落后，施工质量粗糙、施工管理不够精细化。即使是行业里最顶尖的公司，项目做不做得好还是基于项目经理负不负责任，而不是基于一个企业通过经验总结和梳理而形成的组织能力。现在在室内设计这个行业里，所有的公司都面临这样的情况：不同的人去管理同一个项目，项目最终落地的质量是不一样的。这说明了在每一个细分的工程中，一些指导性的知识没有沉淀下来，对行业来说是很大的浪费。举一个简单的例子，石材干挂这种工艺，到底要用多大型号的槽钢和角钢？立柱间距是多少？大部分设计师都是在凭感觉做。有经验的人认为上次是这样，所以这次还这样做；有的人看到别人的方法，自己模仿过来。但是到底什么情况下用什么样的方法做事，没有人把这些知识梳理出来，或者有人梳理过，没有得到传播。这就是室内设计行业精细化管理比较落后，容易造成社会资源浪费的原因。

知识服务就是让一些正确的、有价值的信息能够得到最大化的传播。经验变成知识之后，能够帮助到更多人，能让大家轻易地借鉴到别人成功的经验，也会促使行业里的人积极分享经验。因为有了平台和渠道之后，会有更多的人知道这些分享者，从社会层面会给他们带来认可。有很多人有这样的情怀：我能给这个行业留下什么？给这个社会留下什么？有

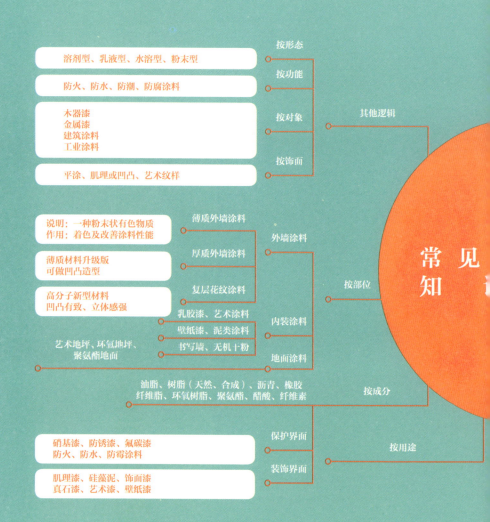

按形态
溶剂型、乳液型、水溶型、粉末型

按功能
防火、防水、防潮、防腐涂料

按对象
木器漆
金属漆
建筑涂料
工业涂料

按饰面
平涂、肌理或凹凸、艺术纹样

其他逻辑

常见
知

说明：一种粉末状有色物质
作用：着色及改善涂料性能

薄质外墙涂料

薄质材料升级版
可做凹凸造型

厚质外墙涂料

外墙涂料

高分子新型材料
凹凸有致、立体感强

复层花纹涂料

按部位

乳胶漆、艺术涂料

艺术地坪、环氧地坪、
聚氨酯地面

壁纸漆、泥类涂料

内装涂料

书写墙、无机十粉

地面涂料

油脂、树脂（天然、合成）、沥青、橡胶
纤维脂、环氧树脂、聚氨酯、醋酸、纤维素

按成分

硝基漆、防锈漆、氟碳漆
防火、防水、防霉涂料

保护界面

按用途

肌理漆、硅藻泥、饰面漆
真石漆、艺术漆、壁纸漆

装饰界面

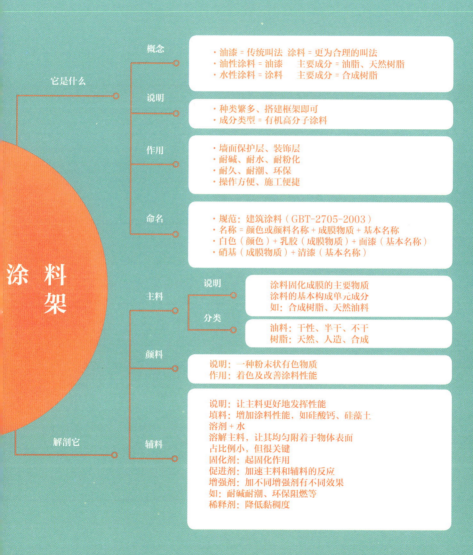

涂料架

它是什么

概念
· 油漆 = 传统叫法 涂料 = 更为合理的叫法
· 油性涂料 = 油漆 主要成分 = 油脂、天然树脂
· 水性涂料 = 涂料 主要成分 = 合成树脂

说明
· 种类繁多、搭建框架即可
· 成分类型 = 有机高分子涂料

作用
· 墙面保护层、装饰层
· 耐碱、耐水、耐粉化
· 耐久、耐潮、环保
· 操作方便、施工便捷

命名
· 规范：建筑涂料（GBT-2705-2003）
· 名称 = 颜色或颜料名称 + 成膜物质 + 基本名称
· 白色（颜色）+ 乳胶（成膜物质）+ 面漆（基本名称）
· 硝基（成膜物质）+ 清漆（基本名称）

解剖它

主料
说明
涂料固化成膜的主要物质
涂料的基本构成单元成分
如：合成树脂、天然油料

分类
油料：干性、半干、不干
树脂：天然、人造、合成

颜料
说明：一种粉末状有色物质
作用：着色及改善涂料性能

辅料
说明：让主料更好地发挥性能
填料：增加涂料性能、如硅酸钙、硅藻土
溶剂 + 水
溶解主料，让其均匀附着于物体表面
占比例小，但很关键
固化剂：起固化作用
促进剂：加速主料和辅料的反应
增强剂：加不同增强剂有不同效果
如：耐碱耐潮、环保阻燃等
稀释剂：降低黏稠度

很多人愿意去做这些有意义的事，但是缺乏外来的推动力，缺少反馈机制。只有做到了持续输出，然后又能形成自己的一套方法论体系去帮助更多的人，才真正符合设计师为"师"的定义——传道、授业、解惑，之前大家对设计师的定义是精通一门手艺，当把这门手艺变成一套可传播的知识体系的时候，设计师才真正实现了自己的社会价值。

三、知识服务的行业价值

中国目前还缺少知识服务的机制，我们希望未来知识服务能成为这样的平台——让更多有创造社会价值初心的人有更多的机会。我们的"设计得到"的使命其实就是要搭建室内设计行业的基础知识库，让更多的人能参与进来，让更多愿意学习的设计师在这里找到他们想要的知识。

从另外一个方面来说，有了互联网之后，虽然信息更多了，搜索也更便捷，但是行业里的实战知识，或者是真正有价值的知识反而不容易找到，想搜索到专业领域的知识很难，因为没有人供应。行业生产知识的速度非常慢，这些知识还会被大量的广告及其他不相关的信息淹没。另外，大家现在的认知还停留在什么样的设计好看这个层面，行业里有很多人告诉大家设计如何美好，如何设计，要享受设计、享受生活，但是很少有人告诉大家怎样把客户服务好，把专业做好，把团队管理得更健康，有更好的发展，也没有人告诉大家，设计师应该为行业做什么有意义的事。所以我们认为，互联网的上半场如果解决的是信息不对称的问题，那么下半场应该解决的是知识不对称的问题。把知识变成产品，在平台上得到有效的利用，帮助到更多的人，这就是对行业最大的帮助。

四、知识服务产品上线流程

起初，我们的团队人很少，大家都在摸着石头过河。但是互联网产品比起原来做传统设计有一个最大的好处是它的反馈特别快。比如一个课程产品，有的时候可以在一天之内完成，然后立刻上线，上线之后马上就能与粉丝互动，得到及时的反馈。

但是为什么要不停地梳理和迭代知识服务流程呢？首先，知识产品不断有新人购买，如果每次都靠讲师讲解，时间成本很大。第二，讲师每次讲的内容不一定完全一致，所以一定要把之前正确的知识全部标准化、流程化，然后写下来，与此同时又可以自我反思。也可能写下来的这次还不完美，但下一次其他人碰到同样问题的时候，还可以反馈和迭代。所以知识产品上线必须要有一些流程，虽然有的流程并不复杂，但是必

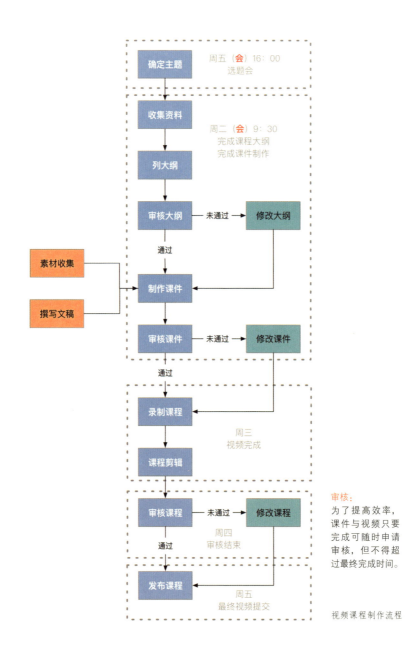

视频课程制作流程

须要让产品格式化，这样团队可以去复制它，会节约很多的时间，既提高了工作效率，也可以使后面的人在这个基础上不停地迭代。

完整的知识服务产品上线流程包含以下六个步骤：选题策划、样品内测、推广策划、 正式上线、复盘、筛选优质用户。

1. 选题策划
该部分内容更多是由产品部主导，运营部根据过往接触用户的经验，提出部分意见。

①选题
根据市场调研和知识体系需求，确定如下问题：课程主题是怎样的？产品定位是怎样的？受众是谁？能帮助他们解决什么问题？市场上是否有同类产品？我们如果做这个产品，能做出什么不一样的特色？然后将产品自查清单所有选项填完。

②形式
常见的形式有图文、音频、视频、直播四种，根据内容讲解实际需要，确定好哪种是用户体验最好的呈现形式。另外，确定好该课程内容需不需要在课后布置作业，以增强学员学习效果。

③ 时间
上线时间包括两部分：第一，课程的上架时间；第二，如果是系列课，
需要确定后续课程的更新频率及具体时间安排。

④ 价格
确定产品单卖价格以及可以用来做营销活动的价格浮动空间。

⑤ 名称
确定好主题后，还需要确定课程名称，课程名称需要通俗易懂，用户很
容易知道课程要讲什么、能获得什么，主打功能性展示，如《14 天节点
知识提升计划》。

2. 样品内测

前面确定好选题和形式后，先在最短的时间内做出一版小样，在内部试看。
然后在铁杆内测群里发给粉丝，引导大家提问题、收集反馈意见、迭代
课程。另外，借助内测群为后续产品宣传蓄势。

3. 推广策划
该部分工作重点是课程卖点的提炼和传播裂变形式的确定。

① 资料收集
首先要对课程的详细情况和课程讲师的详细情况进行了解，根据产品自
查清单，收集好相关资料，包括图片资料、文字介绍、视频、过往推文
链接等，为后续宣传策划做准备。

② 卖点提炼
该部分非常重要，需要充分了解授课讲师的背景，以及该课程所对应的
市场痛点，然后与产品部以及上课讲师进行深入沟通，对该课程的情况
进行详细了解，从中挖掘出一些特殊的卖点。

可以从以下方向入手：行业现状是怎样的？造成了哪些不良影响？嘉宾
的特殊经历、取得的特殊成果、课程内容的特殊之处、课程讲授方式的
特别之处、课程在市场上的稀缺性、往期学员的效果反馈等。

提炼出卖点后，准备相关的长短文案，长文案用来写推文，短文案主要
用来做海报以及转发引导语。

③ 素材准备

课程名、时间、形式、嘉宾、卖点等信息都确认后，开始做海报、 课程上架所需封面图片等宣传素材。如果有相关视频素材，也可制作视频短片。

④ 撰写推文

推广文章是对课程最全面的信息介绍，常用的写作模型是"黄金圈法则"：why（为什么）、how（怎么做）、what（是什么）。

首先，描述行业里目前存在的痛点，对设计师造成了哪些不良影响；第二步，分析造成这些痛点的原因是什么；第三步，过渡引出产品，详细阐述该产品是如何解决这些痛点的，以及该课程的特色有哪些，适用人群是谁；第四步，介绍查看订阅课程的方式、费用等相关信息。

4. 正式上线

①上线清单

梳理上线清单：专栏 / 单品，封面图、课程名、广告语、简介、显示时间、更新频率、产品归类、建群、引导方式等。将所有信息准备好后上架。

② 渠道分发

前面的推广素材准备好后，除在微信公众号平台推送之外，还需要在今日头条、知乎、微博等内容平台分发。根据课程需要，还可以联合其他媒体平台以广告投放或者资源交换的方式进行分发。

然后在自有社群内通知课程上线事宜，朋友圈分享相关推广素材，通知老用户。

③ 裂变

围绕课程做社群裂变，将课程信息推送到自有社群以外的新用户面前以吸引新用户。

做测试、快闪等趣味性 H5，通过种子群引发传播，做裂变，吸引新用户。

④ 二次传播

课程上线后，节选部分优质内容或高价值用户反馈，利用朋友圈截图转发或者推文的形式做二次传播。

5. 复盘

复盘是指在课程结束或者上线一段时间后，分析相关数据，收集用户的反馈意见，分析哪些地方做得好，哪些地方做得不好，原因是什么，下次应该怎么改进。通过查看专栏留言、推文留言、社群聊天内容、一对一私信沟通，获得真实用户反馈。个别数据需要重点关注，建立流量漏斗模型，观察每个阶段的流量是多少，转化率是多少，如果基础流量低，要考虑是否是题目选取不够好，或者内容传播度做得不够好。如果转化率不够高，要考虑是否是因为引导做得不够明确，是否是因为痛点描述得不够准确，是否是价格高，是否是课程特色表达得不够清楚。将这些信息汇总后，整理出能够指导下次课程的有效建议。

整个复盘过程需要产品部和运营部共同回顾分析，一般情况下，我们的复盘会在比较轻松的环境中进行，鼓励自由发言。在复盘过程中，我们可能会挖掘出一些出乎意料的想法。

6. 筛选优质用户

课程上线后，流程并没有结束。我们希望和用户建立长期关系，所以课

程上线之后，还要通过打卡、作业、群内活跃度等维度筛选出优质用户，

并把他们加入我们的产品内测群，一方面是给这部分忠实用户以荣誉感和尊贵感，一方面是壮大内测群，为后续产品的打磨和传播做准备，如此反复正循环。

以上六步动作为产品上线的常规动作，该套流程是动态的，并不是一成不变的。

五、知识服务产品的品控流程

制定上线流程是运营部的主要工作，品控流程则由产品部负责。品控流程主要是对产品内容的质量把控，因为每个产品都有多个人负责，每个人如果都按照自己的理解和认知来做，最后的产品就会明显带有个人特点，标准化程度就会很低。随着参与课程研发的人越来越多，很难形成一套规律，效率也会很低。另外，不是每个人的思路都会非常清晰，有时会出现很多返工情况。所以我们希望能打造一个方法论，按照一个模式复制，否则产品数量很难快速增长。

1. 为什么要做品控

第一，对内可以提升团队的战斗力。就像军队打仗要讲究纪律性一样，要想让团队发挥出最大的战斗力，一定要有一套完整的管理流程和方法，并让团队的每个人都坚持执行。当大家都养成这样的做事风格后，新人也能非常快速地进入工作状态，提高工作效率，最终让整个团队的战斗力得到提升。

第二，对外保证内容的质量。为什么西方的餐饮可以做得更大，比萨可以成为在全世界受欢迎的食品？因为它们有一套属于自己的制作流程，或者叫"量化分析指标"。比如必胜客，能通过一套品控流程，让用户不管在哪儿吃到必胜客的比萨，味道都一样。团队的品控手册也是如此。

创业做任何一件事，开始都是凭借个人的专业能力，通过试错开辟出一条属于自己的风格和道路。但是，人的精力毕竟是有限的，随着团队越来越大，对于优质内容生产的数量要求就越来越高，一个人始终敌不过多样性的市场需求。因此，如何把自己的标准和做事的流程复制出去，让团队内的每个人都能复制其中某方面的能力，最终保质保量地生产出优质内容或者高效率地完成工作，是每一个创业团队必须要思考的问题。

为什么要做内容品控手册？因为对于任何团队来说，对外要保证交付内容的质量，对内要保证工作的效率，降低人力成本。因此，如何让每个新人都能尽快上手并高效地完成工作，降低人才的培养成本，同时保证交付出去的工作的质量，最好的方式就是建立团队内部的一套品控流程，让团队各个人员的战斗力发挥到最大。

2. 我们是怎么做品控的

我们做品控的时间特别短，而且特别简单，但是取得的效果非常好。首先，制定品控流程的前提是制定品控流程的人一定要对这件事非常了解，甚至在这个方面有自己的独到见解和经验。也就是说，他制定的品控流程，必须是他在实际工作中真正的操作过程，而且这个流程一定可以帮他提高工作效率。有了这个前提就可以开始正式制定品控流程了。主要分成四个步骤，分别是：罗列工作流程节点；优化流程节点的排序；设置检查点；收集反馈，动态调整。这四个步骤是一个循环，因为品控的流程需要不断发现问题，并随时动态调整。

3. 品控流程实例

接下来以一个项目——"dop 小知识"为例，讲解如何通过这四个步骤完成整个品控流程。

首先，基于前面提到的前提，找到团队中对 "dop 小知识" 这个项目最熟悉的人，制定整个品控流程主要以他为主导。

第一步：罗列工作流程节点。首先把制作 "dop 小知识" 过程中会涉及到的一些步骤都罗列出来，比如收集素材、查找文献、整理资料、确定选题、制作课件、验证课件的知识点、确定项目的截止时间、录制视频初稿、审核视频、修改视频、剪辑视频、发布视频、上传网站等步骤。

第二步：优化流程节点的排序。罗列出上述步骤后，接下来要做的就是找到这些步骤的共性，并按照时间顺序归纳整理出简单的操作步骤。

内　容　品　控
如　何　写　出
干　货　文　章

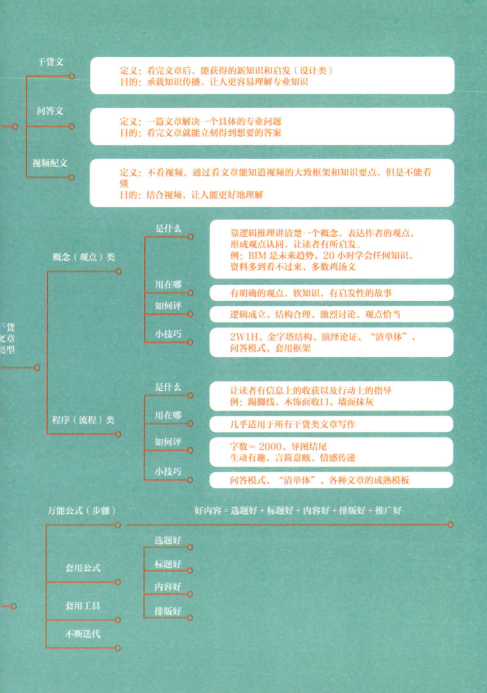

干货文　定义：看完文章后，能获得的新知识和启发（设计类）
目的：承载知识传播，让人更容易理解专业知识

问答文　定义：一篇文章解决一个具体的专业问题
目的：看完文章就能立刻得到想要的答案

视频配文　定义：不看视频，通过看文章能知道视频的大致框架和知识要点，但是不能看懂
目的：结合视频，让人能更好地理解

干货
文章
类型

概念（观点）类

是什么　靠逻辑推理讲清楚一个概念，表达作者的观点，形成观点认同，让读者有所启发。
例：BIM 是未来趋势、20 小时学会任何知识、资料多到看不过来、多数鸡汤文

用在哪　有明确的观点、软知识，有启发性的故事

如何评　逻辑成立、结构合理、激烈讨论、观点恰当

小技巧　2W1H、金字塔结构、演绎论证、"清单体"、问答模式、套用框架

程序（流程）类

是什么　让读者有信息上的收获以及行动上的指导
例：踢脚线、木饰面收口、墙面抹灰

用在哪　几乎适用于所有干货类文章写作

如何评　字数 ≈ 2000、导图结尾
生动有趣、言简意赅、情感传递

小技巧　问答模式、"清单体"、各种文章的成熟模板

万能公式（步骤）　好内容 = 选题好 + 标题好 + 内容好 + 排版好 + 推广好

套用公式

选题好
标题好
内容好
排版好

套用工具

不断迭代

比如收集素材、查找文献、整理资料等，就可以被合并成素材收集。这一大项，因为不管采用什么途径，我们最终的目的是把素材找到。当我们把所罗列的各个步骤提取出共性后会发现，要制作一个合格的小知识，其实仅仅需要五个步骤即可完成，即素材收集、准备大纲、准备课件、制作视频、最终发布。有了上面的制作步骤、对应的参考以及要求后，下一步就是根据这五个步骤，分别设置需要品控的一些时间节点，也就是我们说的检查点。

第三步：设置检查点。因为参与项目的同事能力有高有低，这个时候就需要在把对应选题的大纲做完后，设置一个检查点，由更加专业的人进行大纲审核。在项目初期，及时纠偏能大幅减少可能发生的无用功。而绝大多数团队之所以效率不高，且每个人都非常忙，其根本原因就是在关键节点上没有设置品控的检查点。

第四步：收集反馈，动态调整。最后，当我们的品控流程以及检查点都设置完成后，这套模式就可以运转起来了。但是，不管这个时候有多完善，后期也会因为人员的习惯、任务的多样化、自己的主观原因等动态而调整流程，因此，最后一步就是在执行过程中，不断地接受团队成员以及市场的反馈，快速通过前面三个步骤迭代，直到找到最适合团队项目的品控流程。所以，没有任何一个品控的流程是不需要迭代就能被团队很好地执行的。

至此，通过四个步骤和外界不断地反馈，反复动态调整几次，属于团队的工作品控流程就成型了。而当针对不同项目种类制定了多个品控流程，并把这些品控流程结合在一起之后，就形成了只属于自己团队的品控手册。

4. 品控手册执行后，我们得到的反馈和经验

我们的团队花两周时间打磨出来的品控流程，现在已经可以做到随便让一个没有从事过这个工作的同事，甚至是刚从业的新人，都能很快上手完成这个工作任务。同时，产出的内容标准一致，从某个方面来说，也是保证了内容的生产数量以及质量。

在制定品控过程中，我们有四点经验：

第一，制定品控流程不一定要追求完美，也不一定要花时间追求穷尽一切可能性，为了制作流程而制作。流程太完美、太理想化，没有考虑到团队的实际情况，最终可能会没办法执行下来。

第二，制定品控流程的人交代任何一个步骤之后，一定要给大家一个按照对应步骤完成的样板，让执行者根据样板完成。一开始先不要纠结样板是死的、人是活的这类大问题，如果连一个死样板都模仿不好，那么品控流程也不可能被做活。

第三，在第四步收集反馈，动态调整的过程中，一定要收集真实的数据反馈，哪怕这个数据并不好看，也要告诉整个团队。要直面自己的品控流程数据，分析数据好在哪里、不好在哪里，养成数据收集的习惯，做任何事情都有理有据，而不是凭感觉。

第四，也是最重要的一点，任何新的模式制定出来后，都需要一定的时间等待外界的反馈，少则几周，多则几个月，一定要预留出这样的时间，不要做挖一锄头没看到水源就放弃的挖井人。

六、我们的成功与不足

前面已经提到，知识服务一定是未来的趋势，因为碎片化的学习已经变成一个不得不面对的问题，终身学习也一定是未来每个人的成长方式。我们怎么把这个行业里面具备高质量知识的人的经验及方法论变成知识产品，是我们努力的主要方向，也是未来每一个垂直行业都会面对的问题。因为只有这样，这个行业的整体水准、精细化的程度才会提升。未来知识服务还可以跟产业链深度合作，并且还会有更多新的创业机会和更多的价值可以挖掘。如果说在知识付费上我们走过的弯路，就是社群没有做好，尤其是很多知识社群，在短时间内很难做好。还有关于产品的研发，在体系上和用户体验上还有很多不足，所以知识服务的产品还需要不停迭代。我们想做的事情很多，现在就像是打开了一个盒子，但实际上人力有限，资源也有限，所以要先聚焦，再多元化。

七、未来目标

我们在"设计得到"里给所有的粉丝写过一封公开信，信中谈到，未来我们想和所有的同学共建一所职业设计师的终身在线大学。为什么要做这件事？其实很简单，就是让设计师更专业。因为在室内设计这个行业，设计师原有的学习方式已经不适应当下的环境，设计师在学习中面临着几个难题：第一是负的流动性增加了；第二是大家的时间碎片化了；第三是一个老师不能教大家所有专业上的问题。所以我们希望找到这个行业里各个细分领域的老师，通过跟他们的沟通，把他们脑子里没有总结出来的经验变成一个个可以交付的产品，这样就可以服务整个行业的设计师。通过这样一点一滴的构建，建成我们这个领域里最大的知识库。

这个知识库给大家带来的价值是什么？实际上是帮助大家节约时间。因为很多常识或者是工作场景中应用的知识是不需要都背诵下来的，只需要在用到的时候查找。同时我们还会把这些知识变成方法论，让每个人真正理解这些知识，这样能把时间节约下来，去做更多有价值的事。在设计这个行业里，知识量非常庞大，所以这是一件值得做的事，而且永远都可以延续下去，因为很多经验和知识还在不停更新。这就是我们最终的目标。

超级 IP——"设计得到"的成长历程

"设计得到"致力于与各位设计师共建一所设计师的在线大学，这里需要明确三个问题：

为什么要做"设计得到"？

"设计得到"是怎样一步步走到现在的？

"设计得到"将来想要做什么？

"设计得到"的存在价值

自从建立的第一天起，"设计得到"的初心就是要帮助年轻的设计师更简单、更方便、更经济地获得最有质量的知识，集合一群志同道合的人共建一个学习环境，让爱学习的设计师成为更好的自己。

有太多的年轻设计师在学习和工作上因为各种问题而成长缓慢，从一开始，"设计得到"就立下志向，帮助大家解决问题，为这个行业打造一个热爱学习的环境。

设计师要学习的知识非常多：软件技巧、制图规范、材料知识、工艺工法、建筑结构、法律法规、机电设备、施工落地、设计管理、室内功能、平面优化、设计技巧……每一个板块里还会有更多的细分领域，这些浩如繁星的知识等待着设计师掌握。但是，绝大多数知识不需要背下来，也不可能背下来，只要找到合适的途径和方法就能搜索寻得。

但目前面临的问题是，在这些细分领域中，海量专业知识没有人专门收集、整理和筛选，导致设计师连搜索都无从下手。所以，"设计得到"要做最全的设计师知识库，帮助大家把时间节省下来去做更有价值的事。

室内设计属于应用型学科，重视实践出真知，但很多应用知识都在参与项目的负责人和参与者的头脑中，没有被结构化梳理、总结出来，导致每一位后来的年轻人几乎都要重犯一遍前人的错误才能真正掌握某个知识点，这是对行业资源的极大浪费。

因此，"设计得到"会邀请每个细分领域里的实战高手，帮助大家一起把有价值的实战经验和知识以产品的形式分享出来，真正帮助大家解决实际工作中的问题。我们希望可以利用一切互联网新技术，让所有爱学习的设计师在这里得到答案、获得成长、提升价值。

所以，把室内设计行业的基础知识库建设好，帮助更多设计师成为更好的自己，这就是"设计得到"存在的意义。

"设计得到"成绩单

"设计得到"上线以来，陆续推出了图文、视频、直播和专栏的知识分享形式。推出了 27 套精品课程、750 余篇专业文章、80 小时的视频音频课程、近 10 期的线下训练营和全国城市巡讲。

2016 年 4 月，dop 公司开始正式运营"dop 设计"公众号。从这时起，风雨无阻，每天更新一篇"干货"内容，截至 2018 年末，一共分享了超过 600 篇原创内容，累计发文总数超过 1000 篇。

2016 年 5 月 16 日，我们推出了第一本专业书籍——《室内设计师的自我修炼——装饰节点手册》，以此为起点，掀起了这个行业的出书热潮。
2016 年 12 月 7 日，我们推出了《酒店固定家具节点手册》。
2016 年 12 月 31 日，在仅有 10 天时间的情况下，我们策划了设计圈的"跨年趴"活动，三百多名设计师从全国各地赶来参与，开创了业内先河。
2017 年 5 月 10 日，我们第一次在上海举办线下活动，20 多位设计师从全国各地赶来。
2017 年 5 月 18 日，朱小斌老师和王建军老师在马蹄网上开播了国内第一档设计公司的管理和经营直播课。
2017 年 6 月 14 日，应设计师们的要求，我们开始了第一次线下面对面实战训练营项目，截至 2018 年末，已经举办了 11 期实战训练营活动。
2017 年 7 月 22 日，我们出版了《设计师的材料清单》，成为这个品类书籍销量的第一名。
2017 年 8 月，我们推出了行业内第一本用 BIM 制图的酒店样板房图集，探索未来工具在室内领域的应用前景。
2017 年 9 月开始，我们第一次走出上海，开始全国巡讲，到 2018 年末为止，去过的城市包括深圳、广州、青岛、武汉、南京、西安、太原、宁波等，累计超过 1000 多位设计师现场参与。
2017 年 11 月 1 日，"设计得到"正式上线，推出了第一个会员专栏——《dop 设计实战指南》，周一到周五全年更新。截至 2018 年末，已经有近 4000 人订阅。
2017 年 11 月底，我们参加了广州设计周设计论坛，成为此次论坛唯一一个展示知识产品的参展商。
2017 年 12 月 31 日，我们响应大家的热情再次主办"跨年趴"，并决定将这种备受大家喜爱的形式坚持下去。
2018 年 3 月 26 日，我们应邀参与上海酒店设计展设计论坛。
2018 年 5 月 29 日，《软装严选》与《经营一家设计公司你必须了解的 26 堂课》出版发行。
2018 年 10 月 1 日，《dop 室内施工图制图标准》出版发行。

此后，还有其他书籍正在编纂策划中。除了纸质书，"设计得到"还上线了一系列线上电子专栏，年度专栏也在计划中。

"设计得到"邀请设计师一起成长。

"设计得到"的愿景就是要和设计师一起共建一所设计师的在线大学，帮助设计师们营一个终身成长的环境。

第九节 社 群

一、我们对社群的理解

社群的一个定义是"一种以共同的价值观作为精神的内核，所有社群的成员带有相同的精神标签，由跨地区、跨时空的精神和利益的共同体组成的一个群体"。实际上，一个更接地气的表达就是，社群是把原来所有线下物理空间的圈子搬到了虚拟空间，这样就等于交流效率、规模和大家能够产生的化学反应，比原来在物理空间大了很多倍。

目前来说，社群大概有以下几种形式：

第一种是针对泛人群的社群，以一些"大 V"为代表，比如"罗辑思维"、吴晓波等特别有号召力的"大 V"，他们有很多人跟随。他们在社群里号召一件事，可能很快便会得到响应，大家的目的主要是跟着他们学习，另外还有一些人是出于从众心理。另外，他们讲的内容也足够有吸引力。

第二种形式不是针对泛人群，这种形式在垂直领域里面更多一些——以某个领域的核心人物为中心组成的社群。比如在设计圈，如果哪一位设计师的演讲活动特别精彩，这时候他如果想聚集一个群体也非常容易。这也是一种形式。

以上这两种形式的社群都有一个明显的核心人物在里面，大家都希望在他们身上学习知识或者获得一些利益。

第三种形式是因为一些共同的利益而组成的社群。比如"微商"群体，大家为了一些经济上的利益聚到一起，达成一种游戏规则，从中获得一些比较好的资源，然后获得各自的经济利益。

第四种形式是以学习为目的的交流社群。一群人有共同的职业或专业，并希望在这里面进行工作上的学习交流。比如我们 dop 的社群就属于这种形式。

第五种形式就是因为某种共同爱好而组成的社群。大家的兴趣都差不多，可以在社群里开展一些社交活动。比如现在比较热门的读书会，就是属于通过共同爱好结成的小圈子。

还有一种社群是基于一种共同体的形式存在。比如有了微信之后，我们的小学同学、初中同学、大学同学等会有各种同学会，甚至校友会，还有比如车友会，这些社群都是用一种共同的价值观和共同体的概念把大家聚在一起。

社群大致有这六种形式。那么为什么社群在当下很火爆？

底层的逻辑主要还是工具的变革。最早在 PC 互联网时代，社群主要有两种：一种是 PC 端的论坛，比如在设计圈里面有各种设计网站里面的论坛；还有一种就是 QQ 群，这种社群比较多。另外社群能够出现也跟人性有关。因为人天生就是社交的动物，比如在监狱里，最严酷的惩罚就是把人关进小黑屋，因为关进小黑屋最大的问题就是没法与其他人交流。人在这种封闭的空间里，没有任何与其他人的交流，往往容易精神崩溃，所以这也是人性的需求。人的另外一个特点就是有利他行为，这也是人比其他动物更先进的地方，其他动物很难做到。大部分人都会想到，我帮助别人获得了什么，别人反过来也会帮助我更多，这就是一种利他的精神。人有交流分享、帮助其他人的天性，这是我们认为社群得以存在的本质原因。

原来大家在线下聚会，或者是参与一些论坛，这些活动效率不高，费时费力，成本也非常大，到了移动互联网时代，尤其是微信这样的超级工具出现后，交流的效率成百上千倍地提高，大家能够迅速地连接在一起，学习和交流的速度变得更快了，同时成本也更低。

二、为什么要做社群

对我们来说，做社群是生存的需要。因为社群获客的成本是最低的。现在，线上的流量红利已经基本消失了，所有的企业在获客上的成本都非常大。在互联网上，如果想获得一个精准用户，然后变成付费用户的话，这个成本占销售额的比例非常高。所有的生意无非就是先生产一个产品，然后通过流量转化，所以所有的生意其实都会遇到流量获取上的问题。如果这个公司有巨大的流量，什么生意都会变得容易。现在的互联网企业主要有两种形式，一种是把流量做到最大，比如腾讯和阿里巴巴，这些是传统的大流量平台，还有今日头条、抖音等平台，这些属于新崛起的大流量平台，它们的经营模式是把大量的流量集中过来，然后再去分发，也就是广告的模式。另一种就是在垂直领域或者是做产品、做具体服务的企业，它们需要去买流量，投广告。但现在互联网的流量广告价格越来越高，而且客户定位不一定很精准，特别是一个特定的垂直领域人群占总体网民的比例相对较小，所以效率也并不高，除非是所有人都需要的消费品。有一个词叫"流量池思维",是指在获得了一些新的流量之后,需要让原有的用户产生更多的后续行为,实际上就是通过激发老用户,找到更多新的用户,这是每个企业都需要认真面对的问题。因为对每个在垂直领域的公司来说,没办法建立一个特别大的平台,而小平台又没有意义,那么流量从哪里来?还是要从大的平台上引流,这对每一个在垂直领域的公司来说都很困难。

所以我们在经营社群时主要考虑两件事:

第一件事,应用流量池的思维,把品牌定位做好。因为如果有了明确的品牌定位,在线上能吸引到价值观相同的人。在前面提到的那六种社群里面,会有一些具有共同爱好、共同利益的人,他们可以为社群做信任背书,这是品牌的主要作用。

第二件事,有了这些流量之后开始做裂变。那么如何让这一群价值观相同的人愿意留在这里,而且愿意去做传播呢?这是接下来需要考虑的重点。举一个我们自己的例子,dop 公司 2018 年推出了会员制度,实际上打的是情感认同的牌,因为我们把会员价定到 99 元,实际上对用户来说,这是个超值的产品和服务,我们的目的是建一所没有围墙的互联网设计大学，让每一个人都能没有门槛地享受到同样的学习课程。我们从情感的角度来获得用户的认同，他们不希望我们的课程停止，如果没有这些课程，他们也就享受不到这种优质低价的服务。所以我们希望通过这种情感认同，让他们主动帮我们做一些传播。我们的会员制刚推出不久，其中一个会员就发动了 60 多个人一起订阅。所以这种情感认同的裂变方式是非常值得推广的。在专业的垂直领域，用户的范围不像普通消费品那样广，所以我们尽量用一些小的社群去做前期的反馈和测试。比如我们会建一些产品群，在这个产品群里面会有一群拥有共同专业和爱好的人，我们的一些产品在正式发布前会得到他们的反馈，听取他们意见的同时也会在这些产品群里做一些测试，这样更增强了用户和我们品牌之间的关联度。另外，小群还有一个优势，即在里面可以筛选或者培养一些意见领袖，社群里有一些积极的或者是愿意分享的人，我们通过长期的互动帮他提升影响力，或者是帮助他把特长发挥出来，这时候他就会主动去做传播。换句话说，我们帮助他建立小的社群，而我们又可以去做裂变，这时候就形成了双赢的局面。

三、我们的成功与不足

首先是不足的地方。从 dop 微信公众号开始卖书的时候，我们组建了第

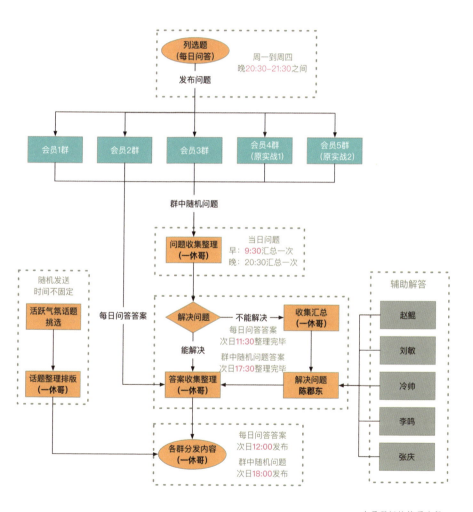

会员群问答管理流程

一个社群,针对的是《室内设计节点手册》这本书,随后又建立了很多社群,大大小小有 100 多个，从开始到现在，做得非常不好的有两点：

第一是一开始盲目地建群，甚至有一些群向粉丝承诺，在这个群里我们会定期为大家提供一些学习的素材，跟大家一起交流，但是后来发现群越来越多，运营这些社群的工作量远远超出了我们的想象——不仅需要很多的人力投入和前期准备，还需要后期的交流维护和挖掘培养意见领袖。由于人力的不足，很多群慢慢地没有人去管理，新用户都希望从这里获得一些有价值的知识或者分享，但是有些群却慢慢变成了死群。加上群里成员结构复杂，有很多怀着不同目的的人，甚至不是室内设计这个行业的人，破坏了群的氛围，大家在里面没有获得什么特别的价值，和其他群没有区别，慢慢地都失去了信心。这些经验给我们的启发就是，如果想组建一个社群，组建它的目的一定要非常清晰、明确，让所有人有一个预期，而且还要持续地满足预期，管理预期，这样的群才能保持活力。

第二点做得不好的地方就是有一些群一开始很活跃，我们的投入也很多，但是后期随着运营精力投入的不足，慢慢就变得和其他群没有什么差异。所以在这两方面，我们做得还不够。

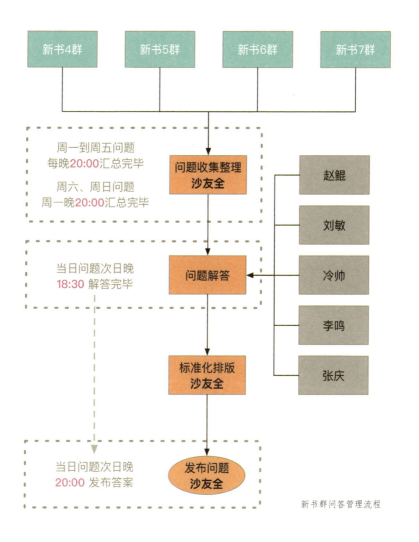

新书群问答管理流程

现在我们已经重新定位了这些社群，接下来我们只会做两种社群：

第一种是学习和交流群，这是我们 dop 的属性，大家认同我们也是认同我们的专业性。所以我们会根据不同的主题，或者不同的学习内容和方向来建不同的群，但是这些群的目的性会很明确，即交流专业知识和工作上碰到的问题。比如我们针对微信公众号的"每日一问"这个栏目建立的群，就是针对栏目里的专业问题做出回答，所以这个社群非常成功，现在已经发生了演化，很多大家提出的问题，我们经过筛选后发送到群里，一开始由我们的工作人员解答，后来渐渐地有人帮助补充，这个单纯以解答问题的群慢慢演化成了群友共同分享知识的群，这就降低了我们的运营成本。实际上，我们是建立了一个平台，前期把群的基调定下来，目标定下来，再把群里面的游戏规则也确定好，之后大家就会自己主动交流，我们也会做一些引导。在群里也会发现一些有专业能力的人，我们鼓励他们多做分享，同时会帮助他们获得大家的认同。正因为行业里很多的社群都是"广告群"或是死群，所以大家都会非常珍惜我们这样的社群。

第二种是以价值观为导向的社群。比如在 2018 年，我们刚刚制定了会员制度，有了第一批会员，这就是一种价值认同。年轻人在工作上都会碰到一些困惑，在学习上遇到一些问题，但不一定能遇到很专业的老师，或者一个老师不能解决所有问题，所以我们要建一所没有围墙的互联网设计大学，这是一种精神或者是价值观上的导向。在这里，我们会自发地讨论一些问题，当然前提还是要把新的游戏规则建立好，让大家都珍惜社群并自发地维护它。有些人甚至会要一些权限，在发现和我们的圈层不一样的人时主动清除。大家共同建设、维护这个社群，它就会变成一个良心群。

四、对社群的一些建议

生命力比较强的社群会不断地出现迭代。这样的社群基本上有两大特点：

第一个叫"三近一反"。"三近"就是在年龄、兴趣、职业这些方面比较接近，"一反"就是在这里面不可能完全都是同一类人，比如群里全部是设计师时，可能还需要有一些不同的人，例如有专门为设计师服务的材料商，或者施工方等，也就是有跟设计师的工作不一样的人在里面。他们的角度会跟设计师不一样。还有大家常说的"男女搭配"，因为社群里面不一定全部是讨论专业上的问题，这样会比较枯燥，有的时候大家也会开开玩笑，做一些互动。

第二个特点就是社群里面有"六大驱动"。这"六大驱动"就是一种社交货币。第一种是荣誉驱动。在社群里面，一定要把一些积极分子筛选出来，帮助他成为社群里的精神领袖，让他在社群里分享更多信息，让大家愿意跟随他、支持他。大家都知道，如果一个群里有 500 个人，不可能每个人在里面都能做分享，绝大部分人是在"潜水"，70% 的人在听别人说，做不到主动分享，但是他愿意跟随。所以我们要把那小部分人找出来，赋予他们荣誉，让他们在分享之后有被认同的荣誉感，这很重要。

第二种是利益驱动。这种利益并不是指金钱。因为我们在一个学习圈里面，或者是在以价值观为导向的群体里，利益的驱动主要体现在两方面：一个是时间成本。我们每个人都是一个信息孤岛，看到的东西只是基于自己这一个点，大家所在的公司不一样、地域不一样、层次不一样，在信息这么多的情况下，每个人关注的点也不同，如果大家都在分享，在社群里获得的信息就是最及时或者最新的，可以节省大家的时间成本。知识付费的本质逻辑就是减少时间成本，有人筛选、总结好知识，再分享给其他人，让大家少花时间。第二个是机会成本。在一个好的社群里面，信息的传递效率比较高。比如有人手里的项目来不及完成，在社群里马上就能对接到愿意和他一起完成的人；或者某个公司正在招聘，在社群里可能就会有人正好愿意到这个城市，或者有人愿意用业余时间来做兼职。在社群里，会更容易找到项目合作机会和工作的机会。

第三种是兴趣驱动。前面曾经提到，人属于社交型动物，"物以类聚，人以群分"，在社群里既然大家有一些共同的价值观、兴趣爱好，比如喜欢动物、喜欢美食，在这里面就可能找到一些伙伴和朋友，把交流从线上发展到线下，毕竟工作是为了追求更好的生活，我们鼓励设计师之间互相交流，这些交流不仅限于工作上，兴趣爱好也是生活态度的一部分。

第四种就是关系驱动。现在在微信上每个人最多可以有 5000 个好友，但是一个人不能和 5000 个人都发生比较强的关系。有一个法则叫 "150 法则"，一个人穷尽一生，最多能交到的知心朋友绝对不会超过 150 个，这个朋友指的是相互了解的朋友。但是微信出现之后，每个人的社交关系被放大了，很多在原来的社交朋友圈里面比较弱的关系，现在如果我们发现跟他有交叉重叠的工作内容，或者他在做的事情对我们有价值，就会很容易跟他发生连接，或者产生合作、交易，所以这是一种关系性驱动。

第五种是事件驱动。在社群里，大家除了有一些工作上的交流，同时也会互相交流社会上发生的热点事件。我们经常会看到在一个群里面，大家就一个热点事件发生很激烈的讨论，这也是人的一个底层需求。

最后一种是地域驱动。在社群里经常会出现这样一种现象，两个人都在同一座城市，甚至所在公司之间的距离不超过 1 千米，但是如果在线下，他们可能永远都不会认识，但在一个群里就可以迅速通过地域完成社交的连接，所以在这方面，社群给每个人都提供了巨大的帮助。

以上是从社群的运营方面提出的一些建议。把握"三近一反"原则和"六驱动"，这样的社群才会不停地得到正向的反馈，才能持续地运营下去。根据我们的经验，运营社群并不需要多么高深的知识，而是一个苦活累活，需要持续地，或者是有极大热情地去经营。大家经常会看到，有一些目的很明确的社群，或者是公司行为的社群运营不好，以个人兴趣爱好建立的群反而更活跃。但是活跃的群，他们的群主和一些积极分子一定都在持续地投入精力在做这件事，这样运营的群才会有生命力，因为它们给大家提供了一个确定性的价值，这才是社群真正的核心。

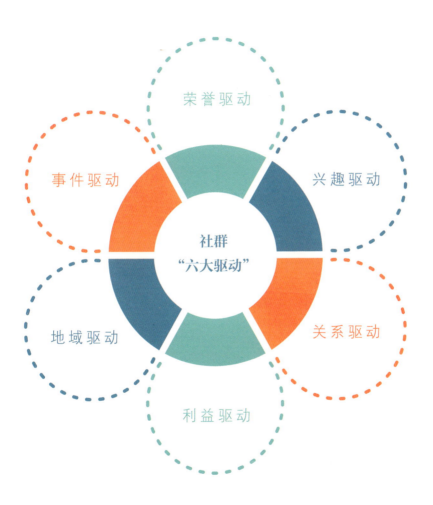

第十节 如何成为网红设计师

成为网红设计师是未来每个设计师个人的生存法则。在这里举一个我们内部成员的例子。一个 1994 年出生的设计师东晓，他可以说已经经营出了一个自己的小 IP，而且有很多粉丝，现在已经是我们的产品经理。从他身上可以看到的几个突出的素质，也是成为网红设计师的必要条件。

一、服务意识

做网红设计师并不容易，有很多人会慕名而来，向他提问题或者交流，这时候一定要花时间去与这些人沟通，与他们形成良好的互动。大家可以看到各种直播平台上的网红， 面对 C 端销售产品的时候都很积极，很有激情，其最终的目的都是能更好地服务用户，让用户接受他们。所以对网红设计师来说，服务意识是必须具备的素质。

二、学习能力

东晓作为一个年轻的设计师，资历可能不深，但是他要把知识讲得有逻辑，让别人听得清楚，这就需要他有很强的学习能力。对于专业类的知识型网红，不能依靠颜值、搞怪或者其他行为博取眼球，而是要靠内容。

想要吸引他人，必须具备三个特点：第一个是知识，要讲得有逻辑，思路清晰，大家能听懂；第二还要具备一定的专业水准；第三是兼具一点儿趣味性。因为不同用户的理解能力有差异， 所以要善于举例子、做类比，善于把一个复杂的知识与大家日常生活中的例子联系在一起，让知识变得有趣。或者把其他行业的知识和理论迁移过来，运用到我们行业的工作场景中，这也是一种学习能力。

三．跨界的能力

跨界能力最主要是体现在保持对新事物的好奇心。比如现在线上的这些新工具、新平台，要学会去使用它们。如果天生抗拒这些新事物，会很难在这个时代变成网红。能不断接受新事物、利用新工具、学习新知识、跨界其他领域，才是一个比较积极的人。这三点是作为一个网红设计师要具备的基本素质。未来，我们希望打造出更多的网红设计师。现在我们在每个细分领域都有主讲老师，这些老师原来的 IP 可能并不大，但是他们借助了平台的传播力量，而且持续地供应内容，让用户形成一种习惯，从而建立了用户的黏性，然后这些讲师从线上开始慢慢地走到线下，形成人设，和用户一直保持互动，与大家建立长久的关系。这是未来每一个想做网红的设计师都需要借鉴的模式。

第十一节 团队管理

一、OKR 管理工具

自从我们的知识服务团队建立以来，和原有的设计团队有一个典型的不同，就是这个团队一定要保持一个高速且有效的学习能力和迭代能力。这跟传统的设计公司完全不一样，因为知识服务的发展速度和要求迭代的速度要比原有的设计公司至少快十倍。所以如果这个团队里的人员学习能力不够，或者自驱力不足，就很难满足整个组织的发展。在这里跟大家分享一些我们内部管理上的实验。

现在在互联网公司比较流行的基本管理工具叫 KPI（关键绩效指标：Key Performance Indicators）。这里介绍一个新的管理工具 OKR（Objectives and Key Results），即目标与关键成果法。它由英特尔公司发明。有一种解读方式认为，KPI 实际上是一个考核工具，而 OKR 是一个沟通工具。另外，OKR 工具是通过 OKR 的学习和方法，让整个团队具备一种批判性思考问题的工作方法。传统的管理都是金字塔管理，老板发号施令，员工去执行，依靠纯粹的业绩去驱动，每个人都只是一颗螺丝钉，每个人都在第一线，可能他看到的很多信息老板并不知道，但是老板还是按照原有的方式去做决策，这样就会出现很多失误。而且对互联网公司来说，环境的变化非常快，传统的自上而下的金字塔管理方式已经很难适应现在的互联网公司，所以必须要依靠每一个单兵去做情报的收集，甚至是做决策，但这个决策基于什么样的背景做出，这就是 OKR 的核心。

OKR 的起点是目标管理，但是它的目标不一定只是业绩或者是 KPI 的某一个指标，更多的是和组织的使命、愿景、价值观相匹配，如果能有一个激动人心的愿景和目标，它的指标也不可能太低。但是它带来了最根本的改变，就是团队的每个人都变成了 CEO，哪怕是再小的工作岗位也能从公司的使命和价值观出发，这样，只要员工能拥有一定的学习能力和迭代能力的话，就一定会在岗位上创造出更多的价值。如果能够达到 OKR 管理的理想状态，实际上就是每个人都变成了一台发动机。

用一个形象的比喻来说，传统的公司就像绿皮火车，火车速度快不快，全靠火车头，火车头的马力大，速度就会快一点儿；火车头的马力不够，速度就慢一点儿，但是 OKR 这种方式是把绿皮火车变成了一个动车组，动车为什么跑得快？因为它的每一节车厢都有发动机，所以它们加在一起时，速度会比传统的火车快。

如果未来的组织想要在市场上立足，团队自身的成长速度一定要比别人快。未来的组织就是在比较谁培养人，或者是谁的组织能够更容易让人成长。

为什么要用 OKR 工作法？主要原因在于它能帮助团队聚焦核心的目标，减少团队成员不理性的分心。因为平时在工作中，公司会制定很多工作目标，导致员工不能分辨出哪一个是核心目标，也不能把精力全都集中在一个目标上。当团队有了一个共同的核心目标后，完成某件事的效率会有一个很大的提升。在本质上来说，OKR 是一种战略目标任务体系，一套明确了目标并跟踪完成情况的管理方法和工具。它主要是由聚焦明确的目标和量化该目标的数个关键结果所组成。

而在团队当中，OKR 这个工具还有一个重要的作用，就是打破团队间各个部门的沟通问题。因为在一个时间段，每一个部门之间做的事可能会不一样，但目标是统一的，也是完全聚焦的，所以大家的方向是一致的。这会减少很多不必要的沟通，也会让信息呈现出完全透明的状态。

对于完成这个目标的关键结果，也要详细地去量化它。而且在目标本身的制定上，也需要有挑战性，在关键的结果完成上，目标设置应该比较高，主要目的在于激发整个团队的潜力。团队不会设置过多的目标，只设置单一的一个目标，而且目标本身的制定也是自下而上的，即先收集大家的看法，之后相关负责人进行补充，最后投票选出一个得到大家认同的目标。因为目标是由整个团队一同参与制定的，所以大家在完成的时候也比较有动力。

在制定目标时，一般会遵循三个原则：第一个是目标的方向一定要明确，并且这个目标的实现能给整个团队带来很大的鼓舞，也就是说完成这个目标后，会让人觉得很兴奋，这样大家在平时的工作中也会更积极主动；第二个是目标需要有时间限定，即一个明确的截止日期，只有这样才能有助于平时目标的实现和完成；第三个是在执行时，一般要求由独立的团队来实现。

当执行主体明确后，目标才能真正落地，不然最后所有的目标可能只是纸上谈兵，并不能真正落实。在运用 OKR 管理工具时，整个团队也要不停调整，在失败中不断学习、不断尝试。但在整个过程中不会更改团队之前制定好的目标，而且在运营时，也不会跟绩效考核挂钩。

形式上可以在每周一开一个 OKR 盘点会，制定本周需要完成的 3~4 件主要任务，任务不需要很多，一周只集中在几个主要任务上面，同时制定未来一个月的计划。周五开一个气氛轻松的成果分享会，每个人都做一些分享。

二、贝尔宾测试

这里再介绍一种与团队管理相关的小工具——贝尔宾测试。这个工具对团队管理有一些帮助，而且从这个工具中可以看出西方管理和东方管理的区别。西方的管理者认为，绝大多数人的智商是差不多的，如果一些人工作效率高，一些人工作效率低，一定是在工作方法上有差距。所以他们总结这些方法，然后用这些总结出来的方法去做培训，让更多的人提高工作效率。在一个团队里，每个人的角色不同，每一个人都有自己擅长的事，贝尔宾测试有一个好处：它主要是从性格测试的角度出发，团队里的人都做这种客观的测试，测试后就可以发现团队里缺哪种人，这时候就可以有意识地再吸引一些这样的人进来。团队是什么？就是不能缺少任何一个人。在这里面的每一个人，只要充分发挥自己的长处，不用考虑自己的短板，其他人自然会弥补这个短板。真正的团队一定是每一个个体都在自己的岗位上发挥了更大的价值，其他人给他更多支持和弥补，最后形成了比其他团队效率高十倍的战斗力。

贝尔宾测试各种团队角色说明				
团队角色	典型特征	积极特性	能容忍的弱点	在团队中的作用
实干家 CW（Company Worker，后来在 1988 年改称为 Implementer）	保守、顺从、务实可靠	有组织能力和实践经验，工作勤奋，有自我约束力	缺乏灵活性，对没有把握的主意不感兴趣	把谈话与建议转换为实际步骤，考虑什么是行得通的，什么是行不通的，整理建议，使之已经取得一致意见的计划和已有的系统相配合
协调员 CO（Coodinator）	沉着、自信、有控制局面的能力	对各种有价值的意见不带偏见地兼容并蓄，看问题比较客观	在智能以及创造力方面并非超常	选择需要决策的问题，并明确它们的先后顺序，帮助确定团队中的角色分工、责任和工作界限，总结团队的感受和成就，综合团队的建议
推进者 SH（Shaper）	思维敏捷、开朗、主动探索	有干劲，随时准备向传统、低效率、自满自足挑战	好激起争端，爱冲动、易急躁	寻找和发现团队讨论中可能的方案，使团队内的任务和目标成形，推动团队达成一致意见，并朝向决策行动
智多星 PL（Planter）	有个性、思想深刻、不拘一格	才华横溢，富有想象力、智慧，知识面广	高高在上，不重细节、不拘礼仪	提供建议，提出批评，并有助于引出相反意见，对已经形成的行动方案提出新的看法
外交家 RI（Resource Investigator）	性格外向、热情、好奇、联系广泛、消息灵通	有广泛联系人的能力，不断探索新的事物，勇于迎接新的挑战	事过境迁兴趣马上转移	提出建议，并引入外部信息，接触有其他观点的个体或群体，参加磋商性质的活动
监督员 ME（Monitor Evaluator）	清醒、理智、谨慎	判断力强、分辨力强、讲求实际	缺乏鼓动和激发他人的能力、自己也不容易被别人鼓动和激发	分析问题和情景，对繁杂的材料予以简化，并澄清模糊不清的问题，对他人的判断和作用做出评价
凝聚者 TW（Tem Worker）	擅长人际交往、温和、敏感	有适应周围环境以及人的能力，能促进团队的合作	在危急时刻往往优柔寡断	给予他人支持，并帮助别人打破讨论中的沉默，采取行动，扭转或克服团队中的分歧
完美主义者 FI（Finisher）	勤奋有序、认真、有紧迫感	理想主义者，追求完美，持之以恒	常常拘泥于细节，容易焦虑，不洒脱	强调任务的目标要求和活动日程表，在充实中寻找并指出错误、遗漏和被忽视的内容，刺激其他人参加活动，并促使团队成员产生时间紧迫的感觉
专家 Specialist（1988 年新增的一种类型）	诚实、从自我做起、专注、能在急时带来知识和技能	专业领域比较狭窄，只懂自己擅长的特殊专业领域，对其他事情兴趣不大		

第四章 未来展望

第一节 新工具

近几年，在互联网圈逐渐切入到建筑装饰设计这个行业的过程中，出现了很多应用型的工具，但是这些工具很多是把设计师这个群体当成用户来看待。虽然这些工具都是号称为设计师赋能，但是它们的功能、目的却不尽相同，目前主要有五种类型：第一种是为了营销转化型工具；第二种是为了去设计型工具（服务C端）；第三种是为中小装饰企业赋能型工具；第四种是专业设计型工具；第五种是针对全屋定制型企业的工具。

一、营销转化型工具

这里举一个代表性企业为例——"酷家乐"，它是一个家居云设计平台，尽管对外宣称是设计工具，但在某种程度上更多是装饰公司的营销人员在使用。它可以在前端通过快速渲染，只用几分钟就呈现出效果图，因此定位为"签单神器"。这也是酷家乐能在这个市场上领先的原因之一。在装饰公司，绩效是最大的痛点，如何提高效率、如何转化客户是最重要的。酷家乐满足了这个功能，提高了客户转化率。因为如果在传统的装饰公司，用传统的手段，出效果图需要大概一周的时间，还有其他成本，并且在这个时间里，客户会有很多变数，但是酷家乐这个工具做出效果

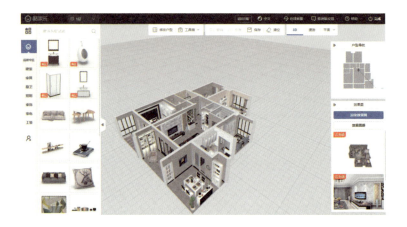

图只需要半个小时到一个小时，而且还原度也比较高，能够满足辅助快速谈单的功能。这样在很短的时间内就可以让客户看到设计效果，转化率自然会提高，所以在装饰公司里这个工具很受欢迎。

但是从目前的使用情况来看，签过单之后，设计师还是很少使用这种工具，他们还是喜欢用原来传统的方式做设计工作。尤其是设计院的设计师，他们并不喜欢用这样的软件，因为它满足不了设计师后期的工作要求，在工作场景呈现上和某些操作的使用上，还可以再进一步完善。

酷家乐的三个创始人都并非设计师出身，所以在对设计的理解上跟设计师还是有差异。当然，这个工具未必是要让设计做得更好，而是帮助设计师在用完之后产生收益。有大量的营销型设计师在用过之后带领客户"到店购"，也就是设计师帮客户做好设计，带领客户直接到门店采购里面的产品，这样就会产生服务收益，既能提高签单率，同时也让设计师有更多收入。因为设计师为客户做的设计，里面的产品需要业主去购买，如果酷家乐里面现有的模型大部分有真实的产品，而且相关产品能找到相应的供应商，那么对设计师来说，更能帮助他们引导业主消费。

二、去设计师化型工具

这种类型的工具是希望能让 C 端消费者自己使用，去掉设计师这个角色。目前家装行业市场对设计的要求并不高，而且"90 后""00 后"这些人对于家庭装修比较有参与感，他们也在随着互联网一起成长，所以对于软件操作比较熟悉。比如有一款软件叫"家居盒子"，他们想让消费者像打游戏一样，自己亲身体验家居设计过程。软件操作并不复杂，如果遇到问题，会有一个设计顾问帮忙做一些优化的工作。这样的工具针对 C 端消费者，用户基数更大，黏性也更强，等于抓住了消费者这个入口。

家居盒子

但是家装本身不是零设计，"家居盒子"有模块化选择，消费者可以在原有模块的基础上，自己做一些个性化的替换，这样业主的参与度会更高。所以对大量的非专业性的设计师来说，未来将面临更多挑战。

三、为中小装饰企业赋能型工具

此种类型的工具是为中小装饰企业赋能型工具。这种工具除了帮助中小型装饰公司完成设计外，还能对接供应链资源，更可以通过这个平台直接购买需要的建材产品，并且直接从厂家购买，价格更低。这相当于提供了一个垂直领域里面的生态链，在上面交易更便捷，性价比更高。

比如"打扮家"，它是整合供应链及管理软件的工具。最初的"打扮家"并没有结合供应链资源，但是其服务的都是中小装饰公司，这些公司在材料上有需求，于是"打扮家"才开始对接供应链平台。从这个情况可以看出，企业、个体设计师以及业主都可以通过这种工具平台采购建材。

四、专业设计型工具

这是一种能让设计师更专业，还能提高设计师工作效率的工具。大部分设计师并不习惯使用复杂的工具产品，因为新工具跟他们习惯使用的CAD 等工具的操作习惯不一样，并且有些工具的学习成本很高，但像"打扮家""家居盒子"这些工具,技术上采用了游戏引擎的模式,操作界面与设计师原来使用的 CAD、SkechUp 等工具相似度很高,学习成本很低。另外,这些工具可以生成动画效果,在工装领域,比如一个酒店项目,设计师每次汇报都要打印很多设计素材,但是有了这些工具,设计师就可以使用 PPT 的方式向客户汇报,或者直接使用 360 度沉浸式体验的方式来展现设计。从工程端的体验上来看,这个方式更高级,呈现效果更立体,客户的体验感也更强了。但是原来那些制作效果图的人,慢慢地可能就会被工具替代,因为利用工具成本更低、时间更短,而且可以利用动画展示这种多媒体的方式,效果很逼真,但目前看来,家装领域对这种工具的使用更多。

专业设计领域目前也有一些新工具出现,比如 Vidahouse。每家企业的 UI 设计都不一样,有些看上去规格很高,有些模仿了工具型的软件,操作起来比较方便,有些完全按照 SkechUp 的界面设计,可以减少设计师的学习成本,但是目前这些工具都各有各的瓶颈,比如 Vidahouse 更多是根据某个人的操作习惯来设置这个工具,不一定适合所有的设计师。

虽然很多工具从逻辑上来看是可行的,但是真正很成熟的工具还比较少,虽然在技术上可以实现,但设计师并不一定接受。这里有很多实际的原因,比如在操作上跟原来的工具相比有差别，毕竟改变习惯是一件很难的事。比如一个设计企业刚刚在全国一百多家门店里普及了酷家乐，现在虽然发现另外一个工具更好，但是即使换了这种工具也不一定能增加销量，无非是展示设计效果更好一点儿，但这不是刚需，对企业来说，最重要的还是能够直接降低成本或增加收入，其他都不是需要替换一个软件的理由，因为替换成本确实比较高。所以酷家乐虽然也经常被诟病存在各种各样的问题，但是因为它的市场份额高，工具本身也在优化，所以如果其他工具想去替换它，只比它好一点儿是不够的，只能是颠覆性的改变。

现在，有很多像金螳螂这样的设计院采用独立核算的模式，独立核算之后，公司会对人员成本、支出成本等控制更严格。所以在这种情况下，公司可能会从控制成本这个角度去考虑是不是要用一些工具来替代做基础性工作的员工。这是未来所有设计类公司不得不面对的问题。

比如由于一些宏观政策层面的改变，会使设计公司的用工成本提高很多，所以设计公司在工具的使用上，未来可能会被市场驱动。现在一些员工稳定性比较差，而专业领域的一些基础工作完全可以由工具替代人工，所以公司会倾向于依赖更稳定的工具。

五、全屋定制型工具

这种类型的工具，如"三维家"，它的用户以设计师为主。"三维家"也曾尝试让消费者参与做设计，但是当时从操作的层面上，消费者觉得还是比较复杂，所以推进得不够好。"三维家"的团队来自于圆方软件及尚品宅配，其本身就带有全屋定制的基因，所以这个工具更多是强调定制，也就是设计师设计好定制产品，拆单到工厂生产。例如设计师设计好一个橱柜，到工厂去定制门、五金件等，把橱柜的各部分分解开，然后生产。实际上就是把设计师的设计概念变成工厂能看得懂的语言，这个细分领域也有很大需求，这种工具相当于为工厂做了全屋定制。定制生产企业里有自己的系统，涉及数据的准确性、板材利用率等问题，但是这个工具从信息化和内部协同的角度提高了效率。但是，目前"三维家"这样的工具也面临着替代成本的问题，并且大家对这个工具的期待值高于现状，工具跟使用人的习惯有密切关系，很多工具在应用上可能还不能满足用户的习惯。

目前还有一种模式，现在有很多全屋定制设计师通过网络找工厂生产定制企业的产品，或者打造设计师 IP 的定制化产品。如果业主不喜欢一些品牌的产品或者平台上的产品，设计师可以为业主定制产品。定制之后

怎么落地？找谁生产？这是个性化落地的问题。所以很多软件是在现场制作，包括尚品宅配、书木软件，它们手上有大量的小工厂资源，书木软件现在服务了700家小工厂，小工厂本身也需要订单，这样相当于设计师直接通过软件找到工厂，打通了从设计到生产的环节。原来设计师需要自己去挖掘供应链产品，这些类型工具的出现，让设计师节约了时间，并且帮助他们做判断，通过软件或工具打通设计的后端。

六、新工具崛起的过程中，设计师的机遇与挑战

这些新工具已经有了各自的细分领域，但是从资本角度考虑，它们更希望能打通 C 端的市场。比如家居盒子，开发者用游戏引擎已经把这个工具做得很有趣味性，让用户在里面用游戏化的方式去"通关打怪"。但是对一家一户来说，装修是频次很低的活动，业主用过一次可能就不会再用，所以，如果可以通过这个工具入口跟业主未来的居家生活有关联，甚至将来与家居服务有关系，这个延伸的边界就更大了。在这种情况下，完全可以把软件工具作为一个入口来切入，未来的想象空间会更大。

未来的设计师需要更专注于自己的领域。比如酷家乐里的设计师，他们是偏向于销售的设计师；家居盒子里的设计师需要有一定的设计能力，要比普通的业主更专业，为业主答疑；三维家需要设计师跟工厂交接产品的生产制造。

在众多新工具中，设计师的机会在哪里？

在营销转化型工具里，设计师赚钱更容易。第一，客户来了之后，新工具会让客户的体验更好，能让客户在更短的时间内看到设计效果。第二，

现在很多供应链平台都开始整合产品，有硬装产品和软装产品，让设计师更容易做产品销售。因为很多初级设计师很难通过设计获取设计费，

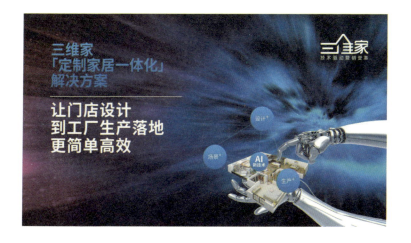

只能通过产品的销售获得服务费，所以这种模式也符合商业逻辑，而且这种情况本来就是存在的。从前是设计师单独去找材料商购买产品，现在有了平台，相当于给设计师提供了更好的"弹药库"，同时也把原有的设计师客户到门店这种形式变得信息化了。所以酷家乐推出了"到店购"这个新的功能，这是通过设计师为门店导客流，把有需求的客户带到门店。

但是目前没有涉足供应链领域，仅是一个信息的撮合。另外也有其他企业自己开始建立供应链，让设计师直接销售产品，设计师以工厂价从平台拿到产品，为自己赚取一部分服务费。

对去设计师化型工具来说，它促使设计师要往更专业的设计顾问方向转型。因为这些工具需要很多在线的顾问设计师。但是酷家乐和三维家这两个工具是采用云渲染的形式，云渲染是指所有的渲染工作都是通过服务器完成的，对本地电脑要求不高，因为很多营销型设计师电脑配置比较低。但缺点是由于资源有限，不能大批人同时渲染。打扮家的模式是本地渲染，也就是用自己的电脑做渲染，要求电脑配置较高，但是渲染的转化工作是在本地做，所以更快。未来如果大家使用移动端，云渲染会更有优势，它对本地资源占用得少。

为中小装饰企业赋能型工具从功能上来说与营销转化型工具是一样的。首先是有助于营销，帮助设计师更快地签单，只是不同的软件效果上可能会略有差异。

专业设计型工具随着未来宏观局势的转变和工具的稳定，在一定程度上也会有新的发展。

对全屋定制型工具来说，需要设计师更专注于研发。很多设计师可以做出方案，但方案转化到工厂订单这个过程中，缺少一个人把方案的语言转化出来，也就是需要有这种研发型的设计人才，这对设计师来说是一个机遇。

现在全屋定制同质化现象很严重，把商标去掉之后，分不出来产品是来自哪家的设计师。原则上设计师都很想做出一些有特点的产品，让产品带有自己的个人风格。所以未来设计师可以对接很多生产制造型加工厂，这样的话，从设计师的设计到后面生产所用的工具，再到后期的设计交付体系都整合在了一起。设计师也可以制造出有个人特点的产品，打造个人品牌。对全屋定制来说，交付是一个很关键的环节，交付时更多考虑消费者，响应速度会更快，服务的成本也会更低。比如书木软件，它是木作类的BIM系统，专门为木制品做信息化生产。它解决的问题是在最大程度上提高板材利用率，所以从成本导向上来看，这个软件可以帮助客户节约成本；从更宏观的角度来说，也是在保护环境。现在的工厂很少有几千人的规模，大家更想做区域型的分布式工厂：总部可以控制到每台机器的生产计划，订单来自周边的供应，配套工厂直接生产，并提供服务和配送，把服务的时间成本提高。现在有很多企业在向这个方向转型。比如互联网定制品牌宜和宜美，它们会就近找供应商，用信息

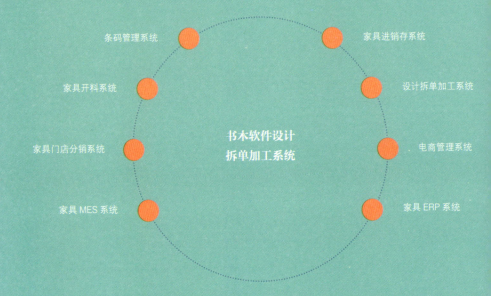

条码管理系统

家具进销存系统

家具开料系统

设计拆单加工系统

书木软件设计
拆单加工系统

家具门店分销系统

电商管理系统

家具 MES 系统

家具 ERP 系统

化的形式做管理，以提高自己的效率。因为管理大厂的成本和难度都很高，如果分成几十个小工厂，难度就会降低很多，比如采用合伙人的方式，响应速度会更快。电商平台"每日优鲜"为什么能做到在两个小时内配送？原来一般水果商都是在城市周边找仓库，但是"每日鲜"把居民区里面的很多房子改造成仓库，也就是把仓库前置了，好处就是客户的体验更好了。未来，到底是分布式工厂还是集中式工厂会成为一种趋势，可能还要看工厂的规模和用户群体，规模决定了到底采用哪种仓库模式。但是未来的趋势一定是专业划分越来越细，产品和服务越来越靠近消费者。

第二节 新渠道

在新渠道上，现在有哪些模式和设计师有关系？因为硬装和软装不一样，所以这里分开来讲。

一、硬 装

在硬装上，原来设计师会对消费者的购买决策有一定的影响，将来设计师也可能会通过原来这种传统模式得到服务费。但是现在可以看到，很多公司都提供整体装饰，住宅要精装交付，硬装设计师面临着越来越多的挑战，因为他们在业主的材料选择上已经起不到影响作用，除非是高端别墅的设计，设计师才会有很强的主导性。但如果是普通住宅的硬装设计，对于里面的材料选择，设计师能够参与决策的机会越来越少，因为更多消费者会选择整体装修。从国家层面来说，未来从环保角度考虑，也会提倡精装交付或装配式住宅，这些对硬装设计师也会有一定的影响。

二、软 装

在软装上，设计行业会出现很多新的企业和新的机会。消费者的生活水平提高了，对生活质量有更高的要求。在装修采购中，传统的模式是设计师带着客户去红星美凯龙、居然之家等类似的大卖场，通过推荐产品获得一些服务费（服务费最终是由消费者买单）。但是现在有一些供应链平台做了一件叫"去中间化"的事情。原来设计师为卖场里面的商家推荐客户，商家也是经销商，层层加价下来，成本就会很高。但是现在像欧工、家居大师这样的供应链平台直接对接工厂，它们甚至没有门店，通过前面提到的酷家乐、三维家等设计工具，首先把所有的产品建模，然后把产品在线上展示出来。另外，它们的采购价格低于经销商，比如一个 3000 元的沙发，平台加收 5% 或 6% 的佣金，这个总价格就是设计师的拿货价，设计师根据自己的情况决定以什么价格卖给消费者。这样，设计师可以直接通过平台销售产品。而且，在原来的模式下，设计师选择产品的过程比较复杂，要到很多门店挑选，但是现在像欧工这样的平台已经整合接近 1 万件商品，覆盖了各种风格和各种价位，在一定程度上让设计师选择的面更广了，并且这些产品不是单纯以图片形式展示，而是三维的，可以得到较真实的体验。但是这些平台目前最大的问题是还没有线下店，这会影响用户的体验。一些平台正在做一些尝试，比如在欧工这个平台上，设计师可以付费购买一个端口，如果某个城市达到 200 个付费设计师，平台就会计划在这个城市开线下体验店。因为如果有了 200 个设计师，自然就有了销售人员，有了这个基础之后，再去开体验店，又可以反过来帮助设计师做销售。那些在没有体验店的城市的设计师怎么卖产品？第一还是带客户去红星美凯龙、居然之家这样的卖场看类似的产品，产品可能不一定完全一样，但品牌是一样的，品质、工艺上尽量相似。因为平台上有很多品牌的商品，所以消费者如果对品牌有一定了解，相对而言也会有信任感。这种模式中间少了很多环节，少了中间商的加价，少了开店成本，虽然设计师的服务费更多，但是对消费者来说，产品的价格还是变低了。对消费者、设计师和厂家都有益，只是会对经销商产生一定的冲击。

三、新渠道的意义

从城市等级上分别来看，一些五六线城市，住宅装修还会有需求。设计师如果还是按照传统模式通过建材市场采购产品，成本依然很高，但是供应链平台整合了闲散资源，把它们汇总之后，跟工厂谈好价格，设计师直接通过平台下单，这个渠道跟前面提到的软装渠道是一样的，可以把设计师个人的利益最大化，本质上也是在去中间化，把成本降低。另外，原来很多五线城市中不是所有品牌都能买到，供应链平台做了严选的工作，从材料商处挑选品质比较好、性价比比较高的产品，对于设计师来说，选择面会更宽。所以一个趋势是：一些不知名的建材品牌生存会越来越难，通过这种平台的模式，产品的选择会大量向头部靠拢。另外，出于环保的考虑，市场压力也会越来越大。当然，一线城市里的中高端设计受影响会比较小，只是设计师的采购渠道会变化，可以从更靠近工厂源头的地方采购，对设计师和业主来说都是一种利好。

有了新的渠道，只做基础工作的设计师有可能会慢慢变少，但是通过这种渠道的优化和变革，设计师离产品的源头会更近，中间产生的利润会更大。因为对设计师来说，有了新渠道，首先选择材料的沟通成本降低了；第二，个人的利润空间也更大了。原来室内设计行业里的产品品类非常庞杂，现在经过信息化、系统化之后，不需要设计师逐个产品去谈价，并且很多设计师原来没有能力与品牌商讨价还价。现在有了新渠道，设计师把客户带到门店，由门店里的人销售产品，设计师从拿佣金变成拿产品底价然后自主定价，利润空间变得更大，可供选择的产品也比之前更丰富了。

但是产品多了，到底用哪一个好？这需要掌握丰富的知识才能分辨。不是每个人都能了解所有的产品，并且现在有很多新的产品出现，比如新的防水材料、新的环保材料，这些信息不能传达给每一个设计师，也就是说，大家的信息是不对称的。行业里每天都有新的产品出现，这些产品最早由商家研发出来，但是设计师没有时间了解所有信息，商家和设计师之间需要一个对接。所以现在行业里也有一些新的模式在被摸索，比如挑选一些品质更好、更环保的材料，为设计师提供一个新平台，让设计师挑选产品变得更容易。

一个新渠道想要规模更大，有更多利润，必须要向商品延伸。所以无论是提供硬装主材供应链也好，辅材和软装供应链也好，渠道必须解决一个问题，就是商品必须要建模——把商品通过信息化的方式展示出来——建完模之后要去做设计、做渲染。但这些都离不开设计工具，所以有些渠道选择自己开发工具，有些选择用其他企业的工具，所以，最终的模式可能都是一样的，只是各个渠道各自的手段不同，但本质上都是竞争对手。

四、地产商和物业方对装饰行业的介入

现在，地产商和物业方已经开始介入装饰领域，对地产商来说，楼盘是自有的，在出售住宅之前会定制几个精装修方案，由业主选择。业主选定之后，地产商把装修做好，家居产品也会一并提供，所以，装饰公司在前端就已经被截流。另外，也有物业公司在参与装饰行业，比如集物

业服务、资产运营、社区服务为一体的彩生活集团，他们会挑选一些业主的家，把它们做成样板间，这样离用户更近，小区内的其他业主可以去样板间看与自己相同的户型。但是目前只能在一个小区里找到不超过十套住宅改造成样板间，如果业主想看更多的怎么办？可以通过手机软件看到样板间的更多变化。彩生活关注更多的是后期软装的改造，因为前期硬装设计已经由地产商完成。

现在还有一种介入装饰行业的方式，既不是服务 B 端装饰公司，也不是服务 C 端消费者，而是服务地产企业。例如有一家企业叫亮万家，之前是一家软装供应链平台，现在通过帮助地产商打造营销方案和样板间，从设计和营销的角度，助力地产商的销售。另外，地产商金地投资了一家杭州的企业——满屋严选，建立了一个软装供应链平台，专门为其提供软装产品。所以即使地产商不直接面对消费者，但是通过收购其他公司，或者以外包的形式，提供专业化的服务，就已经在前期把装饰公司的蛋糕切走了。

近几年，供应链平台的变化很大，了解这些变化对设计师来说也非常有价值，设计师不能一直低头赶路，也要抬头看天，因为这个世界正在发生巨大的变化。

社区商业生态：
基于社区场景的分层、分类、共生、互生、再生

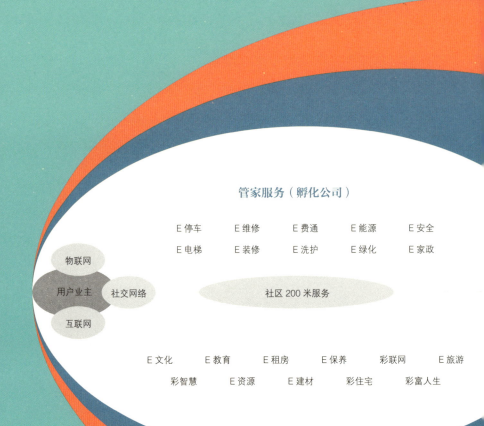

管家服务（孵化公司）

E 停车　　E 维修　　E 费通　　E 能源　　E 安全

E 电梯　　E 装修　　E 洗护　　E 绿化　　E 家政

物联网

用户业主　社交网络　　　　社区 200 米服务

互联网

E 文化　　E 教育　　E 租房　　E 保养　　彩联网　　E 旅游

彩智慧　　E 资源　　E 建材　　彩住宅　　彩富人生

卡券 优惠 彩豆 打折 饭票

餐饮美食 酒店 送水 汽车维修

京东特供 蚂蚁金服 就医 160

饿了么 深航票务 360 怡亚通 天虹商场

华润万家 大兴汽车 顺丰丰巢 粮食网

顺丰优选 手机充值 环球精选 中集 速递易

嘿客商城

社区最后一公里服务　　　　　　　　**社区外圈服务**

超市卖场 旅游 休闲娱乐 美容

美发 养生 社区健康 教育培训

慈善 花礼网 自行车充电 汽车充电 1 元购

车大大洗车 荣信汇理财 汇生活 彩生活特供

合和年贷款 中国银联 支付宝 钱生花

太平洋保险 平安贷款 彩旅游

星晨旅游 东星旅游

第三节 新技术

一、BIM 管理工具

在新技术里，首先介绍 BIM（建筑全生命周期信息化管理模型）工具。

BIM 与其他设计工具不同，他还具备管理工具的属性，所以还是应该归类于新技术。原来的 BIM，也就是信息可视化管理，更多是在建筑领域里应用，因为建筑领域复杂、体量大、项目标的很高，所以精细化和可视化管理在应用上相对更广泛，但是在家装领域推行得并不顺利，因为家装的客户比较散，普通家庭家装费用约是十几到二十万元，所以如果使用 BIM，效率也不一定高。

另外，里面还会涉及到供应商的进场、配货、时间管控等问题，这个领域的很多供应商很难将全部都做得很好，因为他们都是比较小的企业，在管理上很难信息化。

BIM 这个工具更适合于位置集中、具有一定规模、对时间要求高、材料环保的公共建筑工程。例如集中的长租公寓，这样的工程需要控制成本，

时间节点要求很高，早一天结束，就可以节约很大成本。再比如酒店装修，
因为每天都在消耗成本，所以更希望工程进度可控，材料也一定要环保，
如果材料不环保，就会有几个月的空窗期，而且施工工序的安排也会出
现问题，直接导致时间成本变高。再比如学校的改造，一般是利用假期
时间完成，一共只有 1~2 个月的时间，如果要充分利用这段时间，就必
须通过 BIM 来管控整个工程，材料也要环保，这样才能保证周期可控。

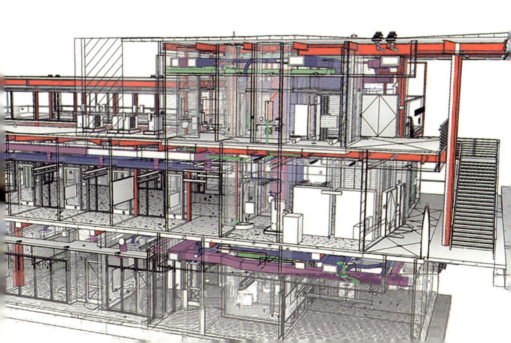

但是对家装来说，用 BIM 管控还只是理想化的结果，如果装修订单不够集中，用 BIM 也管控也不一定能降低管理成本，除非订单密度很高，可以在某些区域集中管控。

在家装这个领域，BIM 更适合的是专业化的管控，比如在小的装饰公司，都会有几个人做水电工、木工、泥工、油漆工等，但是在用 BIM 管理之后，这些工种都是独立的，可以通过 BIM 来做一个所有工人的管理系统，类似于滴滴出行这样的平台，通过协同管理，把工人的效率提高。虽然目前还做不到这一点，但在未来这是 BIM 应用效能更强的地方。

二、装配化施工

装配化施工有很多细分领域。目前在这个领域创业的公司主要有小马快装、开装、品宅等。另外还有提供快装材料的企业,这些企业不仅提供材料,也开发了自己的 BIM 系统。这些企业提供的服务不仅符合国家趋势,另外也缩短了施工时间。原来的装修,各个工种都是在现场操作,现场脏乱,时间上也不可控,现在所有的工作都可以在后场完成,相对而言,速度上会更快,也会更环保。但目前对家装领域来说还不适合,第一个原因是成本比较高,第二是业主不一定都能接受(业主的消费习惯千差万别)。

对于快装这个领域,能否采用快装的模式与房子本身的条件有很大关系。如果是 2000 年以后的新房,户型比较规范,现场去做快装会比较容易,但如果是建造时间比较长的老房,情况就会很复杂,成本也不可控, 每一户的成本都不同。

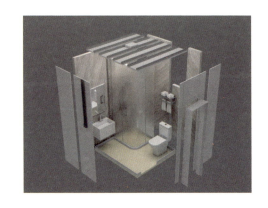

目前在装配化这个领域，大家的切入点跟之前提到那些设计工具大致相同，基本还是面对 B 端市场。

比如北京的装配式装修企业和能人居，它们接手了北京的一些公租房，公租房的量很大，但是要求首先装修价格要低，第二要速度快，第三要环保，这些都比较符合和能人居的特点。而小马快装和品宅主要是服务长租公寓和一些地产商，它们采用的是原来大装修公司的体系，在施工工艺上，主要采用干法施工等技术优化手段，然后通过应用新材料，配合 BIM 管理，做到施工时间上可控，管理成本降低。虽然目前发展情况不是特别好，但是这也代表了未来的一个趋势。

未来对中小装饰企业来说，生存会越来越困难。地产商会在前期截流，它们可以选择自己做装饰项目，或投资其他企业为它服务。所以除了很有设计感，服务高净值客户的装饰公司之外，小装饰企业能得到的机会会越来越少。

未来这些小装饰公司的设计师，更应该考虑转向软装，慢慢从硬装设计师变成家具顾问或软装设计师。目前建材的价格比较透明，软装类产品的价格还有议价空间，因为个性化需求很大，而且品牌的集中度也比较低，所以如果有一定设计能力的设计师能去做一些买手的工作，给客户提供一些家居软装搭配这样的服务。

在装配化这个领域里，除了仿照装修公司的模式之外，还有一些材料型的企业更倾向于技术研发。它们从某一类材料开始突破，比如研发某种地板，耐磨系数比强化地板更高，材料环保又防水，虽然住宅领域还没有太多需求，但是可以应用在一些商业领域。

还有一类企业的模式是把整装的模块再切小。比如原来卖洁具的惠达、东鹏等品牌，现在已经转向出售整体卫浴。整装是未来的趋势，但是如果不能提供整装服务，可以把模块切小，提供整体卫浴或者厨房等，这种形式的现场施工也会更快。参照日本、韩国等国家的一些标准，大的企业更容易积累模块化研发模式。对这样的企业来说，虽然目前 C 端用户还比较散，服务的用户还是以地产商为主，但未来如果积累到了一定程度，培养出消费者的习惯，也可以慢慢开拓 C 端市场，向普通消费者零售产品。

目前在这个领域还有一个新的模式，除了地产企业和物业公司在做的供应链平台之外，互联网公司也开始向这个领域迁移。比如，名创优品开

快速建造

BIM 设计平台：
标准产品平台体系
＋
模块化部品

工厂化生产：
所有部品工厂
自动化生产

现场实施：
无湿作业，工业化
部品现场安装，十
天装好一套房

信息化管理：
设计、生产、安装，
各环节无缝衔接，
整体工期较传统节
约 60%

成本优势

节约人工：
成本降低 60%

减少时间：
成本降低 60%

直接材料：
成本降低 20%

维修方便：
成本降低 20%

综合成本降低约 40%

超高品质

设计自由：
丰富的配件和饰面
选择，保证设计的
高品质呈现

稳定高品质：
所有的部品均为工
业化生产，现场产
业工人安装、品质
高，质量稳定

科技集成：
集成多项实用配件，
提供个性化高品质
生活

无毒环保

无毒材料：
免胶水、木作，全
环保材料，零甲醛

健康的工作环境：
所有的部品均为工
业化生产，现场产
业工人安装，品质
高，质量稳定

科技集成：
现场无湿作业，无
切割粉尘，提供建
造者更安全健康的
工作环境

了家具店。这种跨界的企业有自己的经营模式，它们的模式更像是集成店，会包括各种各样的产品。

跨界的企业会有全新的模式，未来这个行业里的所有领域也许都会重新洗牌。本质上，跨界的企业离消费者更近，但是对设计师来说，能把自己的专业做好，其实也是离消费者最近的。现在设计师有越来越多的平台可以选择，设计师跟消费者、业主之间如果能建立信任，未来还会有很宽广的路可走。